Thomas Straubhaar
Der Untergang ist abgesagt

Thomas Straubhaar

DER UNTERGANG
IST ABGESAGT

Wider die Mythen
des demografischen Wandels

Bibliografische Information der Deutschen Nationalbibliothek

Die Deutsche Nationalbibliothek verzeichnet diese Publikation
in der Deutschen Nationalbibliografie; detaillierte bibliografische
Daten sind im Internet über http://dnb.d-nb.de abrufbar.

© edition Körber-Stiftung, Hamburg 2016
Umschlag: Groothuis. www.groothuis.de
Herstellung: Das Herstellungsbüro, Hamburg |
buch-herstellungsbuero.de
Druck und Bindung: CPI – Clausen & Bosse, Leck
Printed in Germany

ISBN 978-3-89684-174-2

www.edition-koerber-stiftung.de

Inhalt

Einleitung

Deutschland erlebt eine demografische Revolution. Die Flüchtlingswelle hat innerhalb weniger Monate alles in Frage gestellt, was über Jahre hinweg als absolute Sicherheit galt. Noch im Frühling 2015 dominierten die Sorgen um eine sinkende Bevölkerungszahl die öffentliche Diskussion. »Bevölkerung schrumpft trotz Zuwanderung«[1], »so schrumpft Deutschland bis 2060«[2] oder »Deutschland altert sich klein«[3] lautete die mediale Botschaft. Der Bevölkerungsschwund galt als unvermeidbar. Der Untergang drohte.

Anfang 2016 hat sich die demografische Lage radikal verändert. Hunderttausende Flüchtlinge lassen die Anzahl der in Deutschland lebenden Menschen ansteigen. Wohnungsnot, fehlende Plätze in Kindergärten und Grundschulen oder Kapazitätsengpässe bei Verwaltung und öffentlicher Infrastruktur sind die Folgen. Selbst wenn nicht alle Flüchtlinge in Deutschland bleiben und viele eines Tages nach Hause zurückkehren werden: Die starke Zuwanderung der Gegenwart wird die demografische Entwicklung noch weit in die Zukunft hinein verändern. Der Untergang ist abgesagt.

So rasch also kann die Realität die Richtung ändern. Was gestern noch als in Stein gemeißelte Wahrheit der Bevölkerungsentwicklung galt, erweist sich heute als demografischer Mythos, der eher in die Irre als zum gewünschten Erfolg führt. Sehr oft sehr unkritisch übernommene und weiterverbreitete Behauptungen zum demografischen Wandel aufzugreifen, zu hinterfragen und als Fehlurteile zu widerlegen, ist das Ziel dieses Buches. So soll verhindert werden, dass Politik, Gesellschaft und Wirtschaft sich an einem Untergangsszenario orientieren, das so nicht eintreffen wird.

Natürlich und offensichtlich verändert sich die demografische Situation Deutschlands in mannigfacher Weise. An sich führen die geringe Anzahl an Geburten und die steigende Lebenserwartung dazu, dass die Bevölkerung zahlenmäßig bald schrumpfen und demografisch altern würde. Wäre da nicht die Zuwanderung.

Die politische Stabilität, der wirtschaftliche Erfolg und das hohe Maß der Rechtsstaatlichkeit ziehen wie ein Magnet Hunderttausende Menschen aus aller Welt an. Sie alle erhoffen sich hierzulande ein besseres Leben als in ihren Herkunftsregionen. Die Bevölkerungsgröße wird als Folge der Zuwanderung noch für lange Zeit eher wachsen als schrumpfen. Sicher wird die deutsche Gesellschaft farbiger und vielfältiger. Das wird nicht dazu führen, dass sie verschwindet. Aber sie wird anders werden. Ist das für Deutschland positiv oder negativ?

Bei demografischen Entwicklungen und ihren Folgewirkungen spielen normative Werturteile eine besonders prägende Rolle. Was richtig und was falsch, was
gut und was schlecht, was unantastbar und was ver-
änderbar ist, hängt von ethischen, moralischen und
kulturellen Weltbildern ab, die von Person zu Person,
selbst innerhalb von Familien und zwischen den Generationen gewaltig differieren können.

Viele fragen sich, was aus Deutschland, seiner Kultur und Sprache und den gemeinsamen Werten werden
und in welche Richtung sich die Gesellschaft als Folge
der demografischen Veränderungen entwickeln wird.
Einige sorgen sich mit Blick auf Flüchtlingswelle und
Zuwanderung von Menschen mit anderen politischen,
religiösen oder kulturellen Wertvorstellungen und Verhaltensweisen, ob die Mehrheitsgesellschaft zur Minderheit werde. Manche sehen Deutschland in Gefahr.
»Deutschland schafft sich ab« – ohne Fragezeichen –
lautete eine Behauptung.[4] »Deutschland wird kleiner,
ärmer und älter« prognostizieren andere.[5] »Altersarmut,
horrende Abgabenlast, vergreisende Landstriche« würden drohen. Andere beschrieben einen »Methusalem-
Komplott«[6] oder befürchteten gar einen »Krieg der Generationen«.[7]

So verständlich Sorgen und Ängste sind, es gibt auch
eine andere, weit optimistischere Bewertung. Um der
positiven Perspektive eine Plattform zu bieten, konzentriert sich das vorliegende Buch auf die Chancen des
demografischen Wandels, wohl wissend, dass es immer

auch Gefahren, Unsicherheit und Anpassungskosten gibt und dass Einschätzungen und Erwartungen – ob positive oder negative – immer subjektiv bleiben.

Der Verfasser verfolgt nicht die Absicht, neutral zu sein. Er will nicht allen Werturteilen gleichermaßen gerecht werden. Vielmehr ist er ganz bewusst parteiisch und bezieht eine klar normative Position. Wegleitend ist die Überzeugung, dass vielleicht nicht alle, sicher aber die meisten Menschen nach einem langen, gesunden, glücklichen Leben streben und dass Politik darauf ausgerichtet sein soll, sie bei dieser Absicht zu unterstützen.

Ebenso wird die Meinung vertreten, dass es in der Regel wenig bis nicht weiterhilft, Zeit, Kraft und Kapazitäten darauf zu verwenden, kaum oder gar nicht beeinflussbare Veränderungen wie beispielsweise eine Alterung der Bevölkerung zu beklagen. Weit lohnender ist es hingegen, sich auf den demografischen Wandel einzustellen und sich auf heute erkennbare Veränderungen rechtzeitig vorzubereiten.

Aus der optimistischen Grundhaltung des Verfassers ergibt sich die Struktur des Buches. Der erste Teil beschreibt in aller Kürze die Triebkräfte und Ausprägungen des demografischen Wandels. Alterung und die zunehmende Vielfalt der Bevölkerung sowie die Flucht vom Land in die Stadt werden die deutsche Gesellschaft gewaltig verändern, niemanden verschonen und nichts unbeeinflusst lassen. In vier Schritten werden die Daten und Fakten zur Bevölkerungsentwicklung, der demografischen Alterung, der kulturellen Diversität und der Wanderung vom Land in die Metropolregionen dargestellt und interpretiert.

Der zweite Teil bewertet die Folgen des demografischen Wandels. Er entlarvt häufig geäußerte Ängste als Mythen. Viele Befürchtungen über die makroökonomischen Folgen des demografischen Wandels erweisen sich nämlich bei genauerem Hinsehen als Behauptungen, deren Zutreffen alles andere als gesichert ist – etwa die wie ein Mantra vorgetragene These eines drohenden Fachkräftemangels. Manche negative Einschätzung basiert auf Vorurteilen. Beispielsweise, dass sich Deutschland abschaffe.

Der dritte Teil fasst die Erkenntnisse zusammen. Er sieht in der die Zukunft prägenden Digitalisierung neue Chancen, negative Folgen des demografischen Wandels aufzufangen. Beispielsweise, weil alleine schon der arbeitssparende Produktivitätsfortschritt dazu führen wird, dass weit weniger Arbeitskräfte als heute benötigt werden. Gerade weil die Digitalisierung viele Jobs überflüssig machen wird, ist der Rückgang der Erwerbsbevölkerung ein Segen und kein Fluch. Er löst auf einfache Weise das Problem, für die Masse der durch die Digitalisierung freigesetzten Beschäftigten neue Arbeitsplätze suchen und finden zu müssen.

Natürlich gehen mit dem demografischen Wandel viele Risiken einher. Sie sollen erkannt, analysiert und soweit möglich verringert oder gar beseitigt werden. Aber weder ein Schrumpfen der Anzahl noch die Alterung der Bevölkerung, noch deren steigende Vielfalt verursachen unlösbare gesellschaftliche oder wirtschaftliche Probleme. Vielmehr ist es gerade eine oft übertriebene und manchmal unberechtigte Angst vor dem demografischen Wandel, die lähmt und verhindert, die Zukunft positiv zu gestalten.

Deutschland wird nicht untergehen. Im Gegenteil: Neben unbestreitbaren Herausforderungen bietet der demografische Wandel auch neue Möglichkeiten, individuelle und gesellschaftliche Verhaltensweisen zu ändern, wirtschaftliche und politische Strukturen anzupassen und innovative Potenziale auszuschöpfen. So, dass künftige Generationen bessere Chancen auf ein längeres, gesünderes und glücklicheres Leben als ihre Ahnen haben werden. Mitzuhelfen, die Folgen des demografischen Wandels durch kluge sozioökonomische Maßnahmen erfolgreich zu bewältigen und Menschen in Politik, Gesellschaft und Wirtschaft zu vernünftigen Problemlösungen anzustiften, ist Absicht des Buches und Hoffnung des Verfassers.

TEIL I

Der demografische Wandel

Deutschlands Bevölkerungszahl schrumpft

Das Statistische Bundesamt hat im Frühling 2015 erneut einen Blick in die demografische Zukunft Deutschlands gewagt.[8] Und wie immer die Glaskugel gedreht und gewendet wurde – also auch unter ganz unterschiedlichen Annahmen und Betrachtungsweisen –, sind alle Befürchtungen bestätigt worden: Die Bevölkerung wird schrumpfen. Leben heute hierzulande gut 81 Millionen Menschen, könnten es 2030 weniger als 80 Millionen, 2045 74 Millionen und 2060 nur noch 67 Millionen sein. Das ist verglichen mit heute ein Rückgang um rund ein Sechstel. Dramatische Aussichten.

Eine oft gehegte Hoffnung erweist sich in den Simulationsrechnungen als reine Illusion: Zuwanderung wird den Schrumpfungsprozess nicht stoppen, sondern lediglich bremsen können. So geht das Statistische Bundesamt davon aus, dass zunächst weiterhin jährlich rund eine halbe Million Menschen mehr zu- als wegziehen werden. Ab 2016 würde dann ein langsamer Rückgang des Zuwanderungsüberschusses erfolgen. Bei »starker Zuwanderung« – also einem konstant bleibenden positiven Wanderungssaldo von 200 000 Personen pro Jahr und nicht nur 100 000 – würden in Deutschland 2030 81 Millionen, 2045 77,5 Millionen und 2060 73 Millionen Menschen leben – ein Minus gegenüber heute von 10 %. Das ist immer noch besorgniserregend – zumindest auf den ersten Blick.[9]

Bei genauerem Hinsehen stellt sich die Frage, wie der aktuell enorm starke Zustrom von Asylsuchenden die vom Statistischen Bundesamt projektierte Bevölkerungsentwicklung beeinflussen wird. Zu erwarten ist, dass jährlich bis zu einer Million oder sogar noch mehr Flüchtlinge kommen – die höchste Zahl, die jemals innerhalb eines Jahres in der Nachkriegszeit in einem OECD-Land zu verzeichnen gewesen ist.[10] Selbst wenn ein Großteil der Asylsuchenden irgendwann in ihre Heimat zurückkehren oder in andere Länder weiterwandern wird, werden viele bleiben. Sie werden das Schrumpfen der Bevölkerung für lange Zeit verhindern und später verzögern. Damit aber werden viele Prognosen zum demografischen Wandel – insbesondere die Schrumpfungsszenarien – schlicht Makulatur werden.

Das Statistische Bundesamt zeigt anhand einer Modellrechnung, was bei einem jährlichen Wanderungssaldo von 300 000 Personen passieren würde.[11] Dann wird die Bevölkerung in Deutschland in den nächsten 20 Jahren nicht schrumpfen, sondern mehr oder weniger konstant bleiben. Erst gegen die Jahrhundertmitte würde sie dann unter die 80-Millionen-Grenze fallen. Ein vergleichsweise moderater Rückgang, der noch davon ausgeht, dass bis dahin die Geburtenzahl auf dem heute so tiefen Niveau verharrt.

So oder so wird die Zuwanderung natürlich einen Einfluss auf die Zusammensetzung der deutschen Bevölkerung haben. Ein immer größerer Teil der in Deutschland lebenden Menschen wird einen Migrationshintergrund haben. Nach Angaben des Mikrozensus lebten 2013 etwa 15,9 Millionen Personen mit einem Migrationshintergrund in Deutschland, was knapp 20 % der Gesamtbevölkerung entsprach.[12] Davon hatten 10,5 Millionen eine eigene Migrationserfahrung, und 5,4 Millionen waren in Deutschland geborene Kinder zugewanderter Eltern(teile).

Mit der zu erwartenden Zuwanderung dürfte der Anteil der Personen mit eigenem Migrationshintergrund stark ansteigen. Im Szenario »schwächere Zuwanderung« des Statistischen Bundesamtes (2015) summieren sich die jährlichen Wanderungsüberschüsse auf insgesamt 6,3 Millionen Personen, die bis 2060 netto zuwandern würden. Beim Szenario »stärkere Zuwanderung« wären es sogar zusätzliche 10,75 Millionen Personen. Sie und ihre Kindeskinder werden in jedem Falle das gesellschaftliche, politische und ökonomische Bild Deutschlands ebenfalls prägen und sicher auch verändern.

Selbstredend wird Deutschlands Bevölkerung als Folge einer verstärkten Zuwanderung vielfältiger. Das verursacht mancherorts Sorgen, wie sich das Wesen der deutschen Kultur und Sprache verändern und die Bewahrung gemeinsamer Werte und Umgangsformen erschweren werden. Die Ängste der Mehrheitsgesellschaft, durch zugewanderte Minderheiten mit anderem Rechtsverständnis oder abweichenden Verhaltensregeln zu Außenseitern in der eigenen Heimat zu werden, sind nachvollziehbar. Sie sollten aber nicht Untergangsszenarien beschwören. Deutschland wird überleben, anders, aber nicht schlechter.

Noch stärker als bei der Gesamtbevölkerung wird bis 2060 die Zahl der Menschen im Erwerbsalter von 20 bis einschließlich 64 Jahren zurückgehen. Sie sinkt von rund 50 Millionen in 2015 auf 44 Millionen in 2030 und auf 34 Millionen in 2060. Das sind 30 % weniger als heute. Eine Verlängerung des Erwerbsalters auf 67 Jahre ändert etwas, aber nicht alles. Würde der Übertritt vom Berufsleben in die Rente anstatt bei heute 65 auf 67 Jahre festgesetzt, würden 2060 rund 2 Millionen Menschen zusätzlich dem Arbeitsmarkt zur Verfügung stehen. Anstatt 15 Millionen verlöre Deutschland bis 2060 dann aber immer noch 13 Millionen Arbeitskräfte.

Verursacher einer schrumpfenden Bevölkerungszahl ist der Rückgang der Geburten. In Deutschland werden lange schon zu wenige Kinder geboren, um den heutigen Bevölkerungsstand von 81 Millionen halten zu können. 2014 kamen hierzulande 715 000 Kinder zur Welt.[13] Das waren zwar 33 000 Neugeborene mehr als im Jahr 2013. Aber immer noch einige Hunderttausend weniger als in den 1960er Jahren.

In Deutschland waren zuletzt im Jahr 2004 mehr als 700 000 Kinder zur Welt gekommen.[14] 1964 während des Baby-Booms waren es doppelt so viele, nämlich 1,36 Millionen Geburten. Gegenüber den 1960er Jahren fehlen heute Jahr für Jahr rund 700 000 Kinder – was in etwa fast der gesamten Bevölkerung der Stadt Frankfurt entspricht.

1964 brachten 100 in Deutschland lebende Frauen im Laufe ihres Lebens durchschnittlich über 250 Kinder zur Welt. Innerhalb einer Dekade sank die Geburtenhäufigkeit auf weniger als 150 Kinder. Seither ging diese Zahl weiter zurück – besonders dramatisch nach der deutschen Wiedervereinigung, weil in den neuen Bundesländern der Kinderwunsch deutlich schwächer wurde.

Heute bringen 100 Frauen in Deutschland durchschnittlich 140 Kinder zur Welt – und damit etwa 100 weniger als ihre eigene Elterngeneration.[15] Das ist ungefähr ein Drittel zu wenig, um die Bevölkerungszahl stabil zu halten (dazu müssten 100 Frauen im Laufe ihres Lebens etwas mehr als 200 Kinder zur Welt bringen). Oder anders formuliert sinkt pro Generation die Bevölkerungszahl um ein Drittel – was eben in Deutschland nur teilweise durch weitere Zuwanderung kompensiert werden kann.

Über die Ursachen des Geburtenrückgangs ist viel geschrieben worden.[16] Bei allen – oft auch ideologisch bedingten – Differenzen, was entscheidend sei, besteht in einem Punkt Konsens: Singuläre Erklärungen werden der Komplexität der Frage »Kinder, ja oder nein?« nicht gerecht. Die Gründe für den Geburtenrückgang liegen nicht allein in einem einzigen Schlüsselereignis. Sie sind Folge eines vielfältigen Zusammenspiels ökonomischer, gesellschaftlicher und soziodemografischer Rahmenbedingungen, die das individuelle Verhalten, Kinderwünsche und ihre Erfüllung bestimmen.

»Die quantitative Forschung hat in diesem Zusammenhang bisher vor allem die Infrastruktur und die sozioökonomischen Rahmenbedingungen untersucht, während die kulturelle Dimension erst in der letzten Zeit stärker in den Fokus gerückt ist. Um zu verstehen, warum die Menschen in Deutschland die Option Elternschaft bislang zurückhaltend wählen, bedarf es vielmehr eines besseren Verständnisses des Zusammenspiels von Kultur, Infrastruktur und Ökonomie.«[17]

Der Wunsch nach Kindern wird heute verstärkt von den individuellen Interessen beider Lebenspartner geleitet. Dass Kinder »Kosten« verursachen, fördert die Tendenz zur Klein- und Kleinstfamilie. Dabei geht es nicht nur um direkte Kosten, beispielsweise für Essen, Kleider, Mobilität und Kommunikation. Ebenso wichtig sind indirekte Kosten, insbesondere der Zeitaufwand der Kinderbetreuung. Sie entstehen dadurch, dass wegen der Kinder berufliche Karrierechancen nicht oder nur eingeschränkt wahrgenommen werden können.

Noch tragen vor allem Mütter die Kosten des Verzichts auf eigene Berufserfolge und die damit verbundenen Gehälter. Und dabei geht es nicht um kleine Beträge. Für eine Frau mittleren Bildungsgrades im Alter von 45 Jahren mit einer Erstgeburt im Alter von 30 Jahren entstehen bei einer sechsjährigen Unterbrechung der Vollzeittätigkeit Bruttolohnverluste in Höhe von annähernd 194 000 Euro.[18]

Auch wenn sich die »neuen Männer« zunehmend stärker in der Pflicht fühlen, an der Kindererziehung gleichermaßen teilzuhaben: Trotz guter Absicht und wachsendem gesellschaftlichen Druck ist es bis zur paritätischen Gleichstellung von Mutter und Vater noch ein sehr weiter Weg.

Wirtschaftliche Kosten-Nutzen-Überlegungen erklären bei der Erfüllung des Kinderwunsches einiges, aber längst nicht alles. Vielmehr spielen auch sozioökonomische Umstände und soziodemografische Merkmale wie Sozialisation und Herkunft möglicher Eltern wichtige Rollen. Kinder haben heute bei Frauen und Männern einen anderen Stellenwert als in der Vergangenheit.[19] Nicht einmal die Hälfte der kinderlosen Deutschen zwischen 18 und 50 Jahren glaubt, dass Kinder ihr Leben bereichern und glücklicher machen würden.[20] Kinderlosigkeit ist in Deutschland zur Normalität geworden: »Wenngleich viele Menschen sich Familie wünschen, ist es mittlerweile auch weitestgehend sozial akzeptiert, aus verschiedenen Gründen (auch ungewollt) kinderlos zu bleiben.«[21]

Bei der Erfüllung von Kinderwünschen spielt das allgemeine Verständnis der Mutterschaft sicher eine wichtige, aber nicht die alleinige Rolle. Wenn Kinder nicht als Glück, sondern als Belastung empfunden werden und Frauen ihre Mutterschaft bereuen (#regrettingmotherhood), hat sich in jüngerer Vergangenheit das gesellschaftliche Leitbild einer »guten Mutter« wohl eher von Aufopferung zu Autonomie und Selbstverwirklichung verschoben.[22]

Zunehmend wollen Frauen neben der Mutterrolle auch im Beruf aktiv bleiben. Und sie müssen es auch. Denn das Versprechen, dass sich Väter nicht nur für ihre Kinder, sondern auch für deren Mütter verantwortlich fühlen, trägt immer weniger. Immer öfter brechen Familien auseinander. Mehr als jede dritte Ehe wird durch Scheidung getrennt.[23] Und gerade alleinerziehende Mütter tragen das größte Risiko aller Bevölkerungsgruppen, in Armut leben zu müssen.[24] Da ist es nichts als logischer Selbsterhaltungstrieb der Frauen, nicht ausschließlich auf Ehe und Familie zu setzen, sondern mit einer eigenen Berufskarriere jederzeit auch einen Plan B zu verfolgen.

Aber oft sind es auch die jungen Männer, die sich vor der Vaterrolle drücken. Gründe hierfür liegen in ungünstigen biografischen Voraussetzungen, beispielsweise weil die passende Partnerin fehlt oder das berufliche Umfeld als unsicher empfunden wird. Der Wunsch, unabhängig und frei von Verpflichtungen zu bleiben, mag einen Einfluss haben. Andere zweifeln an der eigenen Kompetenz als Vater oder der Fähigkeit, gleichzeitig Ernährer der Familie und Erzieher der Kinder zu sein und den verschiedenen Rollen als Vater, Lebenspartner und Berufstätiger gerecht werden zu können.

Angesichts der Komplexität des Kinderwunsches und seiner Erfüllung sind die niedrigen Geburtenzahlen »von außen« bzw. durch politische Maßnahmen nur schwer zu beeinflussen. Obwohl in den letzten Jahren mit vielerlei familienpolitischen Maßnahmen versucht worden ist, für Frauen und für Männer Anreize zu schaffen, Eltern zu werden, sind die Erfolge bescheiden.

Zwar kann bis 2060 nicht völlig ausgeschlossen werden, dass Frauen wieder mehr Kinder als ihre Eltern haben werden, wenn vielleicht auch erst in späteren Lebensjahren, um zuvor im beruflichen Umfeld familienfreundliche, stabile Voraussetzungen schaffen zu können. Aber selbst wenn es eine Wende zu mehr Geburten geben sollte, wird es in diesem Jahrhundert nicht mehr reichen, alleine durch mehr Kinder den demografischen Schrumpfungsprozess zu stoppen. Das verhindert der sogenannte »Echo-Effekt«. Er entsteht, weil heute die potenziellen Eltern fehlen, die morgen Kinder haben könnten.

Dennoch kann der leichte Anstieg der Geburtenzahlen in jüngerer Vergangenheit mehr als nur ein vorübergehendes Phänomen werden. Er dürfte nämlich auch eine Folge der starken Zuwanderung von Flüchtlingen sein. Je mehr jüngere Frauen aus politischen und wirtschaftlichen Krisenregionen nach Deutschland kommen, desto eher werden auch die Geburtenzahlen ansteigen. Das kann den von vielen als unumkehrbar beurteilten Schrumpfungsprozess der Bevölkerungsgröße dann doch bremsen, verzögern und auf sehr lange Frist vielleicht sogar stoppen.

Deutschlands Bevölkerung altert

Ein »Alterungs-Tsunami« rast auf Deutschland zu.[25] Immer weniger Jüngere werden immer mehr Älteren gegenüberstehen. 1950 bildeten die Jugendlichen die stärkste Altersgruppe. 30 % der in Deutschland lebenden Menschen waren jünger als 20 Jahre und nur 15 % älter als 60. Nur eine von 100 Personen war älter als 80 Jahre.[26]

Zur Jahrtausendwende hatte sich das Schwergewicht bereits spürbar zu den Älteren hin verlagert. Nun waren noch etwas mehr als 20 % jünger als 20 Jahre, jede vierte Person war älter als 60 Jahre, und der Anteil der über 80-Jährigen erreichte fast 4 % – viermal mehr als ein halbes Jahrhundert zuvor.

Im Jahr 2050 werden – je nach Annahme der jährlichen Zuwanderungsüberschüsse – die Jüngeren zur Minderheit und die Älteren zur Mehrheit werden. Der Anteil der unter 20-Jährigen an der Bevölkerung dürfte auf 16 % sinken, jener der über 60-Jährigen auf fast 40 % steigen. Gegen 10 Millionen Menschen werden 2050 älter als 80 Jahre sein – dreimal so viele wie zur Jahrtausendwende und fast 15-mal mehr als ein Jahrhundert früher.

Am eindrücklichsten lässt sich der demografische Alterungsprozess der Bevölkerung anhand des Medianalters, das die Bevölkerung in je eine jüngere und ältere Hälfte teilt, darstellen.[27] 1950 lag das Medianalter bei 35 Jahren, zur Jahrtausendwende bei 40 Jahren, und 2050 wird es – je nach Zuwanderungsüberschuss und Weiterentwicklung der Lebenserwartung – bei etwa 50 Jahren liegen. Innerhalb eines Jahrhunderts wird somit in Deutschland das Medianalter um 15 Jahre angestiegen sein – ein historisch erstmaliger Vorgang ohne Präjudiz! Mit enormen Folgewirkungen auf Gesellschaft, Wirtschaft und Politik.

Der Grund für die demografische Alterung liegt neben dem Rückgang der Geburten vor allem darin, dass die Deutschen immer länger leben. Die Lebenserwartung ist in Deutschland im letzten Jahrhundert und besonders in der Nachkriegszeit stetig angestiegen. 1900 lag die Lebenserwartung bei Geburt für Männer bei 45 Jahren und für Frauen bei 48 Jahren. 1950 erreichte sie 65 Jahre für Männer und 68 Jahre für Frauen. Wer heute geboren wird, darf hoffen, 78 Jahre (Männer) bzw. 83 Jahre alt (Frauen) zu werden.

Vor allem die Sterblichkeit im ersten Lebensjahr und im Alter zwischen 60 und 80 Jahren ist stark zurückgegangen. 1900 konnte ein 65-jähriger Mann damit rechnen, noch zehn Jahre zu leben. 1950 waren es bereits

13 Jahre, und heute sind es 17 Jahre. Für 65-jährige Frauen betrug die weitere Lebenserwartung 1900 11 Jahre, 1950 14 Jahre und heute 21 Jahre.

Der Trend zu einem längeren Leben dürfte sich in diesem Jahrhundert fortsetzen, wenn wohl auch mit langsamerem Tempo. Der medizintechnische Fortschritt, das Bewusstsein für gesunde, lebensverlängernde Verhaltensweisen und auch die ökonomischen Möglichkeiten, mehr für Prävention und Therapie ausgeben zu können, werden die Lebenserwartung weiter ansteigen lassen.[28] Mädchen des Geburtsjahrganges 2030 dürften im Durchschnitt 85 Jahre alt werden, Knaben über 80 Jahre. Was in noch weiter entfernt liegender Zukunft geschehen wird, ist aus heutiger Sicht unsicher. Denn die Biologie des Alterns und die biologischen Gründe für den Alterungsprozess sind bisher nur unvollständig erforscht.[29]

Anders als bei der Schrumpfung der Bevölkerungszahl wird der demografische Alterungsprozess auch durch eine stärkere Zuwanderung kaum abgeschwächt und sicher nicht verhindert werden können. Der Grund für die vergleichsweise schwachen Effekte der Zuwanderung ist relativ einfach: Auch Zuwanderer werden älter, sodass ein Verjüngungseffekt im Laufe der Zeit verpufft, selbst wenn vergleichsweise junge Menschen nach Deutschland kommen sollten.

Wird die Altersstruktur der Bevölkerung der beiden Szenarien »schwacher« und »starker« Zuwanderung verglichen, zeigen sich kaum Unterschiede, wenn im ersten Fall pro Jahr langfristig ein Zuwanderungsüberschuss von 100 000 Personen und im zweiten Fall von 200 000 Personen unterstellt wird (siehe Tabelle 1).

Tabelle 1: Zuwanderungseffekt auf die Altersstruktur 2030–2060			
Jahr 2030	**Zuwanderung**		**Differenz (Zuwanderungseffekt)**
Altersstruktur	**Schwache**	**Starke**	
jünger als 20-jährig	17 %	18 %	1 %
20- bis 64-jährig	55 %	55 %	0 %
älter als 65-jährig	28 %	27 %	−1 %
Insgesamt	100 %	100 %	0 %
Altenquotient	50	49	−1
Medianalter in Jahren	47,6	47,1	−0,5
Jahr 2060	**Zuwanderung**		**Differenz (Zuwanderungseffekt)**
Altersstruktur	**Schwache**	**Starke**	
jünger als 20-jährig	16 %	16 %	0 %
20- bis 64-jährig	51 %	52 %	1 %
älter als 65-jährig	33 %	32 %	−1 %
Insgesamt	100 %	100 %	0 %
Altenquotient	65	61	−4
Medianalter in Jahren	50,5	49,7	−0,8

»schwache Zuwanderung«: Zuwanderungsüberschuss von 100 000 Personen; »starke Zuwanderung«: Zuwanderungsüberschuss von 200 000 Personen; Altenquotient: Verhältnis der älter als 65-Jährigen zu 100 Personen im Alter von 20 bis 64 Jahren

Quelle: Eigene Darstellung mit Daten aus: Statistisches Bundesamt, animierte Bevölkerungspyramide, abrufbar unter https://www.destatis.de/bevoelkerungspyramide/

Die Altersstruktur bleibt praktisch unverändert, unabhängig davon, wie stark sich die Zuwanderungsüberschüsse entwickeln werden. Ebenso unmerklich wird der Altenquotient beeinflusst, der die Anzahl der Rentner im Verhältnis zur Anzahl der Erwerbstätigen wiedergibt.[30] Bis 2030 verbessert er sich um lediglich einen Prozentpunkt von 50 auf 49, bis 2060 um vier Prozentpunkte von 65 auf 61. Beides ist mit Blick auf den zu erwartenden Anstieg gegenüber dem Altenquotienten 2015 von 35 kein starker Entlastungseffekt. Und auch das Medianalter wird sich durch die Zuwanderung kaum verändern und bestenfalls ein halbes Jahr bis 2030 bzw. ein knappes Jahr bis 2060 tiefer liegen (bei einem absoluten Anstieg gegenüber heute von zwei Jahren bis 2030 und fast fünf Jahren bis 2060).

Es bleibt dabei: Die Bevölkerung in Deutschland wird demografisch altern. Das steigende Medianalter wird in vielerlei Hinsicht Wirtschaft, Gesellschaft und Politik verändern und zu einer anderen Stimmung, Interessenlage und zu anderen Erwartungen führen.

Deutschlands Bevölkerung wird bunter

Es ist paradox: Deutschlands Bevölkerung wird gleichzeitig grauer und bunter. Sie wird grauer, weil mehr und mehr weißhaarige Ältere länger denn je leben werden. Sie wird bunter, weil der demografische Wandel vom sozioökonomischen Prozess einer zunehmenden Heterogenität in der Gesellschaft überlagert wird. Damit ist gemeint, dass aus vielen Gründen die Lebensformen und Verhaltensweisen der in Deutschland lebenden Menschen sich mehr und mehr voneinander unterscheiden. Der »Durchschnittsdeutsche« wird immer weniger repräsentativ einen allgemeingültigen Prototyp vertreten, der einem deutschen Normalfall entspricht und den es so immer weniger geben wird.

In der Vergangenheit war einigermaßen klar, was als typisch deutsche Lebensform galt. Die vierköpfige Familie mit dem erwerbstätigen Mann und der Ehefrau und Mutter, die zu Hause blieb, um sich um das Aufwachsen und die Erziehung der beiden Kinder zu kümmern, bildete einen Normalfall, der für einen Großteil der Bevölkerung in etwa zutraf und für viele nicht allzu weit entfernt von der Realität lag. So lebten 1950 noch in rund einem Drittel aller Haushalte vier oder mehr Personen und in weniger als jedem fünften Haushalt nur eine Person.[31]

Heute gibt es kaum mehr ein allgemeingültiges Verhalten. Aus unterschiedlichen Gründen wird das traditionelle Familienmodell zunehmend stärker in Frage gestellt. Die klassische Familie mit Mann, Frau und zwei Kindern, die von der Trauung bis zum Lebensende eine Gemeinschaft bilden, wird seltener. Neue vielfältige und stetig wechselnde Rollen in unterschiedlichen Formen des Zusammenlebens werden dagegen häufiger. Bedarfs- und Lebensgemeinschaften sowie Patchwork-Biografien lösen traditionelle lineare Karrieren und Lebensverläufe ab.

Neben (auch nicht familialen) Lebensgemeinschaften mit und ohne Kinder und alleinerziehenden Elternteilen prägen Alleinstehende bei Jüngeren, Erwachsenen und Älteren sowie bunte Patchwork-Familien zunehmend das Bild der Gesellschaft.[32] So ist die Zahl der Alleinstehenden im letzten Jahrzehnt stark angestiegen. 2011 lebten 17,6 Millionen Personen alleine oder teilten sich nur in seltenen Fällen (10 %) den Haushalt gelegentlich mit anderen Mitbewohnerinnen und Mitbewohnern. Im Vergleich zur Jahrtausendwende erhöhte sich damit die Zahl der Alleinstehenden um 2,6 Millionen oder 17 %.

Auch wenn die meisten Frauen in Deutschland Kinder haben, stieg der Anteil der kinderlos bleibenden Frauen in den letzten Jahrzehnten kontinuierlich an. Bei den Frauen der Geburtsjahrgänge 1933 bis 1948 blieben lediglich etwas mehr als 10 % kinderlos, bei den Geburtsjahrgängen 1964 bis 1968 hat sich dieser Anteil in etwa verdoppelt, und jede fünfte Frau hatte keine Kinder. Das führt auch dazu, dass mittlerweile rund ein Fünftel der Gesamtbevölkerung alleine lebt. Dazu kommen insgesamt 2,7 Millionen Personen, die als alleinerziehende Mütter und Väter (zur Jahrtausendwende waren es 2,3 Millionen) leben. Andererseits sinkt die Zahl der Ehepaare. So gab es 2011 nur noch 18 Millionen Ehepaare und damit über 1,3 Millionen oder 7 % weniger als ein Jahrzehnt zuvor.

Was bei Ehe und Familie erkennbar wird, findet auch in der Gesellschaft insgesamt seine Entsprechung. Traditionelle Formen des Zusammenlebens, das verbindende Bewusstsein einer zusammen erlebten Vergangenheit und einer gemeinsamen Zugehörigkeit verliert an Bedeutung. Eher bilden sich kleine voneinander unabhängige Gruppen von Menschen mit ähnlichen Interessen und Werten. Die Gesellschaft zersplittert in relativ abgeschlossene Zirkel. Diese neuen Gruppen ersetzen traditionelle Formen der Zusammengehörigkeit in immer stärkerem Maße.

Aber nicht nur bei den Lebensformen wird die Alternative zur neuen Norm. Weil die Deutschen (glücklicherweise) immer länger und gesünder leben, werden auch die Lebensphasen vielfältiger. Dominierten früher »Kindheit« und »Erwachsensein« das Dasein, kamen im letzten Jahrhundert »Jugend« und »Ruhestand« dazu. Heute gibt es frühe und späte Stadien von Kindheit, Jugend und Erwachsensein, Vorruhestand und Seniorendasein. Junge Alte werden aktiv, kommen in Bewegung, starten nach dem Berufsleben neue Karrieren, wollen als Politiker Erfolg haben, beginnen ein Studium und erfüllen sich als Frührentner Kinderwünsche.

Die Grenzen zwischen den Generationen verblassen. Noch nie haben sich Mütter und Töchter, Väter und Söhne so wenig unterschieden. Noch nie wurden sie so spät erwachsen, so spät Eltern und so spät alt wie heute.

Eine zunehmend möglich gewordene Individualisierung führt zu einer zunehmenden Heterogenität des Verhaltens und damit einer größeren Vielfalt der Gesellschaft. »Jeder für sich – Wie der Kindermangel eine Gesellschaft von Egoisten schafft«, titelte der *Spiegel*.[33] Und der Tenor war deprimierend: Die abnehmenden Geburtenraten führten zur Vereinzelung der Kinder, und »ohne Familie verlernt die Gesellschaft schlichtweg die Liebe«. Bei der hedonistischen Genussgeneration drehe sich alles nur um die »Anbetung des eigenen Bauchnabels«. Eng damit verbunden sei der Wunsch, so unabhängig wie möglich das Leben nach eigenen Vorstellungen leben zu können. Ungebunden alles, was möglich ist, zu tun und frei zu sein, seine Träume zu verwirklichen. Angesagt und »absolut nachahmenswert dagegen war das gutverdienende, kinderlose Pärchen mit der Altbauwohnung in Berlin-Charlottenburg oder Hamburg-Eppendorf, das nichts für die Zukunft irgendwelchen Nachwuchses zur Seite legen musste, sondern sehr kultiviert alles anschaffte, was gerade angesagt und in den Blick geraten war«, so der *Spiegel* 2006.

Schließlich sorgt die Zuwanderung dafür, dass Deutschland bunter werden wird. 1964 wurde der millionste Gastarbeiter, Armando Rodrigues aus Portugal, bei seiner Ankunft in Deutschland auf dem Bahnhof Köln-Deutz noch besonders begrüßt und mit einem Motorrad beschenkt.[34] Ende der 1960er Jahren lag der Anteil der ausländischen Bevölkerung an der Gesamtbevölkerung bei weniger als 4 %.[35] Bis zur Jahrtausendwende stieg dieser auf ca. 9 % und verharrte seither auf etwa diesem Niveau.

Der dramatische Anstieg der Flüchtlingszahlen wird natürlich die kulturelle Vielfalt weiter ausdehnen. Wenn über eine Million Menschen[36] um Asyl nachsucht und Teile davon dauerhaft hierbleiben sollten, entspricht die schlagartig vergrößerte Zahl der Einwohner in etwa der Bevölkerungszahl Frankfurts, der fünftgrößten deutschen Stadt.

Auch wenn früher oder später die Welle der Menschen, die in Deutschland Zuflucht suchen, wieder abebben wird und viele in ihre Heimat zurückkehren dürften, werden die Flüchtlinge in der Zwischenzeit die Zusammensetzung der deutschen Wohnbevölkerung wesentlich beeinflussen. Vor allem auch, weil die Asylsuchenden aus immer weiter entlegenen Regionen kommen und fremden Kulturen oder anderen Religionen angehören. Es verwundert daher nicht, dass viele Deutsche den Verlust politischer Stabilität, kultureller Identität und ökonomischer Prosperität fürchten.

Beim Blick auf die Personen mit Migrationshintergrund[37] wird für 2005 (davor gibt es keine vergleichbaren Daten) deutlich, dass 15,3 Millionen Menschen eine eigene Einwanderungserfahrung hatten oder ein Elternteil, das von außen nach Deutschland kam. Das entsprach einem Anteil an der Gesamtbevölkerung von 18,6 %. 2013 hatten 16,5 Millionen Personen einen Migrationshintergrund. Gegenüber 2005 ist somit deren Zahl um 1,2 Millionen oder 7,9 % angestiegen, und der Anteil an der Gesamtbevölkerung liegt mittlerweile bei 20,5 %.[38]

Über die Hälfte (55 %) der Menschen mit Migrationshintergrund besitzt die deutsche Staatsangehörigkeit. Sie sind den Autochthonen (also den Deutschen ohne Migrationshintergrund) vollständig gleichgestellt. Sie wählen und werden gewählt. Sie sind Beamte und arbeiten in öffentlichen Einrichtungen, werden Lehrkräfte und unterrichten Kinder und Jugendliche deutscher und ausländischer Eltern. Einige von ihnen bleiben arbeitslos, andere benötigen Sozialhilfe. Alle haben die gleichen Rechte und Pflichten gegenüber staatlichen Institutionen wie die Deutschen ohne Migrationshintergrund. Aber alle haben sie ihre eigenen Erwartungen an das Leben in Deutschland und unterschiedliche Forderungen an Politik und Gesellschaft.

Erkennbar ist, dass der Trend zu größerer Vielfalt ungebrochen weitergeht – und durch die Flüchtlingswelle gerade in jüngerer Vergangenheit eher beschleunigt als gebremst werden wird. Die Attraktivität der politischen Stabilität und die wirtschaftliche Prosperität Deutschlands wirken auf viele Menschen aus vergleichsweise ärmeren Weltregionen oder aus Krisengebieten wie ein Magnet. Entsprechend stark sind die Zuwanderungszahlen in den letzten Jahren angestiegen. So wanderten 2014 1,15 Millionen ausländische Staatsangehörige nach Deutschland ein, und mit 677 000 Personen ergab sich für 2014 der höchste Wanderungsgewinn innerhalb eines Jahres.[39] Die Masse der Asylsuchenden wird diese Zahlen 2015 weiter spürbar nach oben treiben.

Aber nicht nur der Anteil der Personen mit Migrationshintergrund wird noch viele Jahre weiter zunehmen. Genauso werden sozioökonomische Verhaltensweisen zu einer zunehmenden Heterogenität der Gesellschaft führen. Die Mehrheitsgesellschaft wird stärker ausfransen. Deutschland wird sich wandeln und verändern und immer weniger den traditionellen Mustern, Verhaltensweisen und Wertvorstellungen der Vergangenheit folgen. Dafür sorgen nicht nur Menschen mit Migrationshintergrund. Auch für Alte und Junge, Gesunde und Gebrechliche, Gebildete und Unqualifizierte, Familien mit und ohne Kinder, Stadt- und Landbevölkerung wird der größte gemeinsame Nenner immer kleiner werden.

Wenn es keine eindeutigen Mehrheiten, sondern

nur noch viele Minderheiten gibt, wird es nicht einfacher, einen gesellschaftlichen Konsens über wichtige Zukunftsfragen oder einen politischen Kompromiss zur Lösung kommender Herausforderungen zu erreichen. Es wird immer schwieriger werden, eine Politik zu finden und umzusetzen, die auf einen Durchschnitt ausgerichtet ist, der für die Gesamtheit nicht mehr repräsentativ ist. Eine Zersplitterung der Parteienlandschaft ist die eine Folge, der Wunsch nach großen Koalitionen offenbar eine andere. Beides aber reicht nicht aus, einen allgemein akzeptierten Kompass zu finden, in welche Richtung sich Deutschland weiterentwickeln und was die Gesellschaft zusammenhalten soll.

Deutschlands Bevölkerung flieht vom Land in die Stadt

Stadtflucht war gestern. Heute ist »Urbanisierung« der Megatrend. Nachdem noch in den 1990er Jahren viele Menschen bloß aus der Stadt wegwollten, um im Grünen Land- und Vorstadtidylle zu genießen, hat sich seit der Jahrtausendwende der Trend gedreht. Die Kernstädte sind wieder attraktiv geworden – zum Wohnen und zum Arbeiten. So steigen in den Ballungsräumen die Einwohnerzahlen, während sie in ländlichen Gegenden sinken.

Von 2000 bis 2011 hat sich der Bevölkerungsanteil der 14 größten deutschen Städte an der deutschen Gesamtbevölkerung von 15,5 auf 16,4 % erhöht, während periphere ostdeutsche, aber auch einige westdeutsche Regionen Einwohner verloren haben.[40] Besonders positiv entwickelten sich im letzten Jahrzehnt die Bevölkerungszahlen im Westen in den großen Metropolen München (+ 11 %) und Hamburg (+ 4 %) und im Osten in Dresden (+ 8 %) und Leipzig (+ 5 %).[41]

Offenbar bewerten mehr und mehr Menschen bei der Wahl des Wohnortes die Vorteile der (großen) Stadt positiver und die Nachteile des Pendelns negativer. Durch die Rückkehr in die Stadt, die gleichzeitig Ort für Wohnen, Arbeiten, Freizeit und Vergnügen ist, können Menschen der »Schizophrenie des Pendelns« entgehen, die Gesundheit, Familie und Umwelt belastet und die Betroffenen unglücklich macht.[42]

Gerade jüngere Menschen wollen in der Stadt leben, weil sie sich dort eher erhoffen, berufliche Interessen, Familien- und Kinderwünsche in Einklang bringen zu können. So nimmt die Zahl der Menschen unter 18 Jahren in deutschen Städten nur halb so stark ab wie in Deutschland insgesamt, während gleichzeitig die Zahl der 18- bis 25-Jährigen in den großen Städten nahezu doppelt so schnell wächst wie im Bundesdurchschnitt. Bei den 25- bis 30-Jährigen fällt der Unterschied zwischen Stadt und Land noch deutlicher aus.[43]

Hauptverantwortlich für die Attraktivität sind die Bildungsangebote der Großstädte, insbesondere die Möglichkeiten, an Universitäten und (Fach-)Hochschulen zu studieren. Vor allem Frauen haben in den Agglomerationen eher als auf dem Land die Chance auf einen akademischen Abschluss, danach im Berufsleben Karriere zu machen, berufliche und private Wünsche zu verwirklichen und so gleichzeitig oder nacheinander mehrere Rollen gleichermaßen wahrnehmen zu können.

Bei aller Unsicherheit, die mit jeder Zukunftspro-

gnose verbunden ist, dürfte sich die Schere der Bevölkerungsentwicklung zwischen Stadt und Land weiter
öffnen. Insbesondere die Landflucht von jüngeren Menschen geht weiter. Da deren Kinder und Kindeskinder
dann in den Ballungsräumen zur Welt kommen, zeigen sich selbst verstärkende Effekte der Abwanderung,
Alterung und Schrumpfung in peripheren, ländlichen
Räumen und der Zuwanderung, Verjüngung und Bevölkerungszunahme in den Ballungsräumen. Das Bundesinstitut für Bau-, Stadt- und Raumforschung (BBSR)
rechnet bis 2035 mit rückläufigen Bevölkerungszahlen
von über 30 % in einigen ohnehin bereits dünn besiedelten ländlichen Räumen vor allem in Ostdeutschland (Oberspreewald-Lausitz, Suhl Stadt) und einem
Bevölkerungswachstum von über 20 % im Landkreis
München.[44]

Eine Bevölkerungsprognose aus dem Datenportal
»Wegweiser Kommune« der Bertelsmann Stiftung vom
Juli 2015 bestätigt die Erwartungen: Der demografische
Wandel verstärkt die Unterschiede zwischen Stadt und
Land. »Vor allem für viele Gemeinden im ländlichen
Raum dürften die Folgen des Bevölkerungsrückgangs
dramatisch werden. In Hoyerswerda (Kreis Bautzen),
Bitterfeld-Wolfen (Kreis Anhalt-Bitterfeld), Gräfenhainichen (Kreis Wittenberg) oder Roßleben (Kyffhäuserkreis) wohnen 2030 gut 26 % weniger Menschen
als 2012. Unterföhring, Feldkirchen (beide Kreis München), Ilvesheim (Rhein-Neckar-Kreis) und Teltow (Kreis
Potsdam-Mittelmark) hingegen erwarten einen Anstieg

der Einwohnerzahl um mehr als ein Viertel. Generell setzt sich der Trend fort: Städtische Regionen wachsen, der ländliche Raum verliert.«[45]

Insgesamt dürfte bis 2030 der Bevölkerungsanteil der 14 größten deutschen Großstädte mit mindestens einer halben Million Einwohner an der deutschen Gesamtbevölkerung von heute 16 % auf bis zu 20 % ansteigen – wobei eine zunehmende »Metropolisierung« zu erwarten ist.[46] Denn vor allem die Großstädte München, Berlin/Potsdam, Frankfurt, Hamburg und Stuttgart dürften einen überdurchschnittlich starken Anstieg der Bevölkerungszahlen erfahren. Die Rheinschiene mit Düsseldorf, Köln und Bonn wächst auch, aber nicht ganz so dynamisch wie München, Berlin und Frankfurt. Einschließlich des Ruhrgebiets dürften 2030 dann gut 30 % der Bevölkerung in großstädtischen Verdichtungsräumen leben.

Je weiter Städte und Gemeinden abseits der großen Metropolen liegen, umso stärker werden sie vom demografischen Wandel – also der Alterung und Schrumpfung der Bevölkerung – betroffen sein. Nicht nur, dass einige periphere Regionen praktisch ein Drittel ihrer Bevölkerung verlieren werden. Es wird auch zu einer »Vergreisung« der ländlich-peripheren Gesellschaft kommen.

Nach heutigen Prognosen, deren Eintreten durch viele Faktoren – wie beispielsweise die aktuelle Flüchtlingswelle – in Frage gestellt werden kann, wird im Jahr 2035 die älteste Region Deutschlands die kreisfreie

Stadt Suhl in Thüringen sein mit einem Durchschnitts-
alter von 55,6 Jahren, gefolgt von eher peripheren
brandenburgischen Kreisen wie Elbe-Elster, Spree-Nei-
ße, Oberspreewald-Lausitz und dem ostthüringischen
Landkreis Greiz mit rund 55 Jahren.[47] Demgegenüber
wird die Bevölkerung im Raum München, Heidelberg,
Mainz, Freiburg oder Offenbach durchschnittlich nur
etwa 44 Jahre alt und damit elf Jahre jünger sein.

»Erst bei einer räumlich differenzierten Teilraum-
betrachtung wird deutlich, dass es noch bis weit in die
Zukunft eine Gleichzeitigkeit von wachsenden und
schrumpfenden Regionen geben wird, oft räumlich nah
beieinander liegend.«[48] Das zunehmende Auseinanderklaffen der Schere zwischen wachsenden Metropolen
mit vergleichsweise jungen Menschen und dem ländlichen Raum mit schrumpfenden und alternden Bevölkerungen wird die durch das Grundgesetz geforderte
Herstellung gleichwertiger regionaler Lebensverhältnisse und die Sicherung der Daseinsvorsorge in dünn
besiedelten Regionen in Frage stellen. Darauf gilt es für
die Politik Antworten zu finden, die ökonomisch finan-
zierbar und gesellschaftlich tragbar sind.

TEIL II

Die Mythen des demografischen Wandels

Der demografische Wandel ist unumkehrbar

Seit Jahrzehnten werden kluge Menschen nicht müde, Deutschland vor den Folgen des demografischen Wandels zu warnen.[49] Schrumpfung und Alterung würden Gesellschaft und Wirtschaft vor dramatische Herausforderungen stellen. Viele der Sorgen sind ohne jeden Zweifel berechtigt. Nicht zuletzt konnten einige Probleme der Bevölkerungsentwicklung dank der Alarmrufe gelöst oder gemindert werden, weil die Politik auf demografische Prognosen reagierte und beispielsweise das Renteneintrittsalter nach oben setzte.

Verblüffend aber ist, mit welch unkritischer Überzeugung in Politik und Öffentlichkeit, auch in Wirtschaft und Wissenschaft, Bevölkerungsvorausberechnungen für absolute Wahrheiten gehalten werden.[50] Ein Fehler, der sich wie ein roter Faden durch die jüngere Weltgeschichte zieht. Denn immer wieder machten sich Gesellschaften darüber Sorgen, wann sie wohl aussterben würden. Ängste, die sich im Nachhinein jedoch als völlig unbegründet erwiesen. Der von Oswald Spengler befürchtete »Untergang des Abendlandes«[51] fiel genauso aus, wie sich viele andere Bevölkerungsprognosen schlicht als falsch erwiesen und weder Deutsche, Franzosen noch Schweizer von der Welt verschwanden.[52]

Frankreich fühlte sich in früheren Epochen nicht nur militärisch oder wirtschaftlich, sondern der eigenen Geburtenschwäche wegen auch demografisch von Deutschland bedroht.[53] Entsprechend ängstlich wurde nachgefragt, wann wohl der letzte Franzose sterben werde.[54] Alle pessimistischen Voraussagen lagen bereits 20 Jahre später im besten Falle um 10 % und um 20 % im schlechtesten Falle unterhalb der Realität. »Die Wahrheit lag also nicht in der Mitte, wie man es bei unterschiedlichen Projektionen erwarten könnte, sondern die tatsächliche Bevölkerungsgröße war sehr viel höher als jede der Projektionen.«[55]

In Deutschland stellte der *Spiegel* im Frühjahr 1975 in seiner Titelgeschichte die Frage: »Sterben die Deutschen aus?«[56] Zitiert wurden Modellrechnungen des bayerischen Staatsministeriums für Landesentwicklung und Umweltfragen. Sie projizierten, dass in Bayern bis 2075 die Bevölkerungszahl im optimistischen Fall von 10,8 auf 5,5 Millionen und im pessimistischen Fall sogar auf 2,5 Millionen schrumpfen würde. In Wirklichkeit stieg die Bevölkerungszahl in Bayern von einer Rekordhöhe zur nächsten. Ende 2014 erreichte sie mit 12,7 Millionen einen neuen Höchststand.[57]

Die Enquete-Kommission »Demografischer Wandel« des Deutschen Bundestags hat sich Anfang der 1990er Jahre von mehreren Bevölkerungsprojektionen leiten lassen.[58] Alle drei Modelle sagten spätestens für die erste Dekade des 21. Jahrhunderts einen Bevölkerungsrückgang voraus.[59] Alle drei lagen sie damit falsch. Fakt ist, dass zwar zwischen 2005 und 2010 die Bevölkerungszahl rückläufig war, aber seit 2011 beginnt sie wieder zu steigen. Im Jahr 2014 nahm sie im Vergleich zum Vorjahr um 430 000 Personen (+ 0,5 %) zu und lag am Jahresende bei 81,2 Millionen Einwohnern.[60]

Ganz offensichtlich sind Bevölkerungsvorausberechnungen weder in Stein gemeißeltes Naturgesetz, noch folgen sie gottgegebenen Prophezeiungen. Sie liegen zum Teil kläglich neben der Realität.[61] Menschen verändern – vielleicht nicht kurz-, aber eben doch mittelfristig – ihr Verhalten. Sie essen gesünder, bewegen sich mehr und bleiben dadurch länger fit. Sie wollen wieder mehr Kinder haben – so wie es derzeit in Deutschland der Fall ist: Seit 2012 steigt die Geburtenziffer wieder an. Mit 147 Neugeborenen pro 100 Frauen erreichte sie 2014 den höchsten im vereinten Deutschland gemessenen Wert.[62]

Und Gesellschaften können über lange Zeiträume offener für Zuwanderung werden. Alle diese Veränderungen führen dazu, dass Bevölkerungsprognostiker einem Schützen gleichen. Sie treffen gut, solange das Ziel still steht, verfehlen es aber, wenn sich die Scheibe überraschenderweise bewegt.[63]

Präzise Voraussagen über viele Generationen hinweg sind schlicht nicht möglich. Sie können bestenfalls einfache Denkmodelle sein, um komplexe Langzeitentwicklungen studieren und die Folgen verschiedener politischer Maßnahmen abschätzen zu können. Fairerweise ist zu erwähnen, dass seriöse Demografen auf die begrenzte Aussagekraft ihrer Simulationen hinweisen und darauf, dass ihre Berechnungen nur so gut sein können wie die Qualität der getroffenen Wenn-dann-Annahmen. Andere jedoch scheuen sich nicht, aus Projektionen Prognosen zu machen und dabei auszublenden, wie (un)wahrscheinlich das Eintreten bestimmter Ereignisse ist.[64]

Zwar haben die Bevölkerungsprognostiker recht, wenn sie darauf pochen, dass sie ja eigentlich nur »konditionierte« (also auf Wenn-dann-Annahmen basierende) Aussagen treffen, wohl wissend, dass menschliches Verhalten und damit die Zahl der Geborenen und Sterbenden zwar gewissen Regelmäßigkeiten, nicht aber festen Gesetzmäßigkeiten unterliegt – was ganz sicher mit Blick auf die Zuwanderung in besonderem Maße zutrifft. Umso mehr erstaunt es dann doch, wenn mit Nachdruck behauptet wird, dass es durchaus möglich sei, »auch für kommende Jahrzehnte ziemlich realistisch abzuschätzen, in welchem Intervall die Bevölkerungsentwicklung wahrscheinlich verlaufen wird«.[65]

Wer über »kommende Jahrzehnte« Projektionen erstellt, muss zwangsläufig mit unerwarteten Schocks und einschneidenden Ereignissen rechnen, die das ganze Prognosemodell unbrauchbar machen.[66] Selbst wenn sich Geburtenzahlen und auch die Entwicklung der Lebenserwartung kurzfristig verlässlich in die Zukunft fortschreiben lassen, können mittel- und längerfristig grundsätzliche Verhaltensänderungen (beispielsweise beim Kinderwunsch) und Fortschritte im Gesundheitswesen die Annahmen widerlegen. Die gegenwärtigen Flüchtlingswellen zeigen mit aller Dramatik, wie rasch und wie stark die Zuwanderung nach Deutschland schwankt. Genau aus diesem Grunde liegen gängige Modelle der Bevölkerungsprojektionen so oft so sehr daneben. Sie können Trendwenden kaum oder gar nicht erkennen.[67]

Bevölkerungsprognosen »überschätzen die ›Trägheit‹ demografischer Faktoren und unterschätzen die Möglichkeit von Verhaltensänderungen. Sie waren nicht darauf vorbereitet, dass in demografischen Dingen manchmal Unerwartetes geschieht. … Wir sollten uns gegenüber den Modellrechnungen und -projektionen der Demografen eine gesunde Skepsis bewahren. Die Bevölkerung, die wirtschaftet, lebt und sich fortpflanzt, ist flexibler (und sensibler), als dies Modellrechnungen – so wichtig sie sind – zeigen können.«[68] Die Flüchtlingswellen der Gegenwart verdeutlichen, wie unverändert richtig diese Einschätzung heute noch immer ist. Verwunderlich, dass ihr so wenig gefolgt wird.

Auch Bevölkerungsprognostiker wären gut beraten, das Undenkbare oder Unerwartete nicht auszuschließen. Es gab in Deutschland die Wiedervereinigung, die über Nacht die Bevölkerungszahl um 16 Millionen wachsen und die Altersstruktur »verjüngen« ließ. Es gab und gibt eine Netto-Zuwanderung, die stärker war und ist als von allen vorausgesagt. Und es wird auch in Zukunft »Überraschungen und Ungewissheiten« geben, die den demografischen Wandel mehr oder weniger stark beeinflussen und in eine andere als heute erwartete Richtung lenken werden.[69]

Schrumpfung bedroht Deutschlands Wohlstand

Sollte eines – momentan noch sehr fernen – Tages die Bevölkerungszahl in Deutschland tatsächlich kleiner werden, stellt sich die Frage, ob die Sorgen berechtigt sind, die für viele mit einer demografischen Schrumpfung verbunden sind. Oder ob nicht das Gegenteil der Fall sein könnte und alles deshalb ganz wunderbar werden wird, weil weniger Menschen bedeuten, dass jede und jeder Einzelne mehr Platz hat. Es wäre die Umkehrung dessen, was mancherorts als »Dichte-Stress« beklagt wird.[70]

Die Ängste vor schrumpfenden Bevölkerungszahlen sind nichts Neues. Ihnen galt bereits in den 1930er Jahren eine große Aufmerksamkeit. Den durch die damals stagnierende Bevölkerungszahl vermeintlich hervorgerufenen Nachfrageausfall bewerteten Pessimisten als wesentliche Ursache der Großen Depression. Kein Geringerer als John Maynard Keynes sorgte sich in einem Artikel 1937 in der *Eugenics Review* um das durch eine schrumpfende Bevölkerung verursachte Ungleichgewicht zwischen Sparen und Investieren, das zu einem längerfristigen Wachstumsschwund oder gar einer »säkularen Stagnation« führen könne.[71] Ein Begriff, der, bemerkenswerterweise, wort- und wesensgleich heutzutage bei Lawrence Summers, einst US-Finanzminister unter Bill Clinton und später unter US-Präsident Barack Obama Direktor des National Economic Council, eine Wiedergeburt feiert.[72]

Die Realität widerlegte in der Vergangenheit alle Pessimisten. Damals schon und auch heute wieder. Die Stagnationstheorie von Keynes erwies sich als empirisch unzutreffend. Weder verarmten die Menschen als Folge schrumpfender Bevölkerungszahlen, noch kam es zu einem ökonomischen Niedergang. Solange die Weltbevölkerungszahl insgesamt größer und nicht kleiner wird – und das wird noch für sehr lange Zeit der Fall sein[73] –, dürften sich die pessimistischen Erwartungen auch in Zukunft kaum erfüllen. Im Gegenteil, heutzutage leben mehr Menschen länger, gesünder und materiell besser als jemals zuvor. Das gilt besonders für Deutschland. Mehrere Faktoren widerlegten die keynesianische Vorstellung der negativen ökonomischen Effekte einer schrumpfenden Bevölkerung:

1. Einmal bedeutet eine schrumpfende Bevölkerungszahl nicht unbedingt, dass auch die Anzahl der Haushalte (als ökonomische Wirtschaftseinheiten) abnimmt. Es kann sein (und ist in der Realität so

geschehen), dass nur die Zahl der pro Haushalt lebenden Menschen zurückgeht. Beispielsweise bilden nur noch eine oder zwei und nicht mehr vier oder mehr Personen einen gemeinsamen Haushalt. Oder Jugendliche ziehen in jüngeren Jahren häufiger von zu Hause in eine eigene Wohnung, als das früher der Fall war. So kann es sein, dass insgesamt trotz schrumpfender Bevölkerungszahl die Anzahl der Haushalte sogar steigt.

2. Auch wenn in einem Haushalt weniger Personen leben, gibt es eine ganze Menge von Gütern, die trotzdem angeschafft werden, unabhängig von der Anzahl der Mitbewohner. Das trifft für sanitäre Anlagen, Kücheneinrichtung, Kühlschrank, Fernseher, Telekommunikationsgeräte und manch anderes zu. Für viele Güter bestimmt somit die Anzahl der Haushalte und weniger die Anzahl der pro Haushalt lebenden Personen die gesamtwirtschaftliche Nachfrage und somit den Umsatz für die Hersteller.

3. Wenn in einem (Familien-)Haushalt weniger Personen leben, steht pro Person ein größeres Budget für alltägliche Einkäufe bereit. So leistet sich dann möglicherweise jeder einzelne Käufer mehr von allem und kompensiert so den Rückgang der Kundenanzahl als Folge einer schrumpfenden Bevölkerung. Das gilt wiederum in besonderem Maße für nicht oder nur begrenzt teilbare Konsumgüter wie

Wohnungen, Autos oder elektronische Kommunikationsgeräte. Man wohnt dann etwas großzügiger, leistet sich trotzdem Fernseher und PC, auch wenn nur eine oder zwei anstatt vier oder fünf Personen unmittelbare Mitnutzer sind.

4. Bei einem Schrumpfen der Bevölkerungszahl und dem damit einhergehenden Rückgang der Erwerbsbevölkerung stehen je Arbeitskraft mehr Maschinen, Geräte, Apparate und Rohstoffe zur Verfügung. Pro Kopf ist somit die Ausstattung mit Kapitalgütern größer. Als Folge steigt die Kapitalintensität. Weniger, dafür besser ausgerüstete Arbeitskräfte produzieren pro Zeiteinheit mehr. Die höhere Arbeitsproduktivität lässt die Löhne steigen. Ein Ergebnis, das eher froh als traurig stimmen sollte. Auch weil dank der höheren Löhne wiederum mehr Kaufkraft verfügbar ist, die für einen steigenden gesamtwirtschaftlichen Umsatz sorgt.

5. Unterschätzt wurde von den Pessimisten die Dynamik des technischen Fortschritts. Sie verstärkt mikroökonomisch den Druck zu arbeitssparender Technologie. Roboter ersetzen Menschen, und Maschinen verdrängen standardisierte Fließbandarbeitsplätze, denen niemand nachtrauern sollte. Arbeit ersetzende Innovationen steigern die Pro-Kopf-Produktivität der verbleibenden Beschäftigten. Der technische Fortschritt konnte und kann die

negativen Effekte schrumpfender Bevölkerungen mehr als kompensieren.

Richtig ist, dass schrumpfende Bevölkerungszahlen einen Strukturwandel verursachen. Einige Branchen werden tatsächlich einen Umsatzrückgang erleiden. Das dürfte vor allem standardisierte Massenprodukte betreffen. Andererseits kann gerade daraus ein Einstieg in eine ökologische Nachhaltigkeit attraktiv werden.

Noch nie in Friedenszeiten ist die Bevölkerungszahl geschrumpft. Sollte dies nun erstmalig in der Menschheitsgeschichte im 21. Jahrhundert für einzelne Staaten oder Bundesländer der Fall sein, ist doch damit auch eine sehr gute Botschaft für die Umwelt und die natürlichen Ressourcen verbunden. Es muss nicht immer notwendigerweise mehr produziert werden, um immer mehr Menschen satt und zufrieden zu machen. Zudem mindert eine schrumpfende Bevölkerungszahl den Druck, für Massen Beschäftigung finden zu müssen. In einem solchen Umfeld steigen die Chancen, dass nicht mehr Quantität das Denken bestimmt, sondern Qualität.[74] Was soll daran sozioökonomisch schädlich sein? Was verursacht da Ängste? Was kann daran gesamtwirtschaftlich so negativ sein?

Eine mögliche, mit Blick auf die aktuelle Flüchtlingswelle aber noch längst nicht sichere Schrumpfung der Bevölkerungszahl ruft bereits heutzutage bei vielen Deutschen Sorgen hervor. Wer die Bevölkerungsgröße mit Macht und Einfluss in der Weltpolitik gleichsetzt, mag einen politischen Bedeutungsverlust befürchten. Für andere spielen mehr oder weniger unterschwellig militärstrategische, gelegentlich auch nationalistische Gründe eine Rolle. Dazu gehören beispielsweise jene, die eine Schlagkraft der Armee noch immer – wie im Zeitalter der infanteristischen Massenheere – in Truppenstärken messen. Obwohl bei heutigen politischen Krisen und kriegerischen Konflikten andere Faktoren weit bedeutsamer über den (Miss-)Erfolg militärischer Aktionen entscheiden.

Weniger Menschen werden weniger Kindertagesstätten, Freizeiteinrichtungen, Studienplätze, Straßen oder Parkplätze benötigen. Eine flächenfressende Betonierung natürlicher Räume wird weniger dringlich. Warteschlangen sollten kürzer, Staus auf überfüllten Straßen seltener, der Wohnungsmangel geringer werden. Die Zeiten der zu kleinen Klassenzimmer und der überfüllten Hörsäle könnten dann bald vorbei sein. Für jeden Einzelnen wird es mehr Platz und insgesamt mehr naturbelassene Landschaften geben.

Die Rechnung ist doch ganz einfach: Alle heute verfügbaren Straßen, Parkplätze, Krankenhäuser, Studienplätze, Schwimmbäder, Freizeiteinrichtungen und Naherholungsgebiete – kurz: alle Infrastrukturanlagen und Ressourcen – müssen mit weniger Köpfen geteilt werden. Für die Einzelnen wird je Kopf mehr von allem zur Verfügung stehen. Das gilt auch für den Faktor Zeit. In kleinen Familien mit wenigen Kindern sollte eigentlich jedes einzelne Kind mehr Zuneigung erhalten. Eltern müssen sich nicht mehr mit wenig Zeit um viele Kinder kümmern, sondern können sich viel Zeit für wenige Kinder nehmen. Und das verfügbare Familienbudget für Erziehung und Ausbildung konzentriert sich ebenfalls auf weniger Kinder.

Die »demografische Rendite« schrumpfender Kinderzahlen führt dazu, dass Schulklassen und ebenso die Anzahl Studierender in den Hörsälen kleiner werden. Das ermöglicht Lehrkräften, sich intensiver mit den spezifischen Bedürfnissen einzelner Schülerinnen und Schüler und Studierender zu befassen. Laborausstattungen, Bibliotheksarbeitsplätze und Internetkapazitäten werden ausreichend zur Verfügung stehen. Somit sind zumindest die Voraussetzungen günstig, dass künftig Kinder und Jugendliche vergleichsweise besser gebildet sein sollten, was das langfristige Wachstumspotenzial einer Volkswirtschaft vergrößert.

Zusammengefasst verliert das Gespenst schrumpfender Bevölkerungen seinen Schrecken. Wenn nach 2050 die Bevölkerungszahl Deutschlands tatsächlich wieder auf das Niveau des Wirtschaftswunders Anfang der 1960er Jahre zurückfallen sollte (was aus heutiger Sicht angesichts Hunderttausender Zuwanderer alles andere als sicher ist), wird das nicht zwangsläufig und unabwendbar zu unlösbaren Herausforderungen führen. Im Gegenteil: Es gibt gute Chancen, dass sich die Qualität der Lebensbedingungen in Deutschland weiter verbessert und nicht verschlechtert. Eine zahlenmäßig kleiner werdende Bevölkerung kann zu ökonomisch immer wohlhabenderen Menschen führen. Denn pro Kopf wird für alle mehr von allem verfügbar sein: mehr Platz und weniger Stau, kleinere Schulklassen und größere Zeitbudgets für weniger Einzelfälle. Das sind für kommende Generationen – selbst wenn die Bevölkerungszahl schrumpfen sollte – gute und keine schlechten Aussichten.

Mythos 3

Alterung bedroht Deutschlands Wohlstand

Deutschland befindet sich »auf dem Weg zur Greisen-Republik«.[75] 2007 hat das *ZDF* eine fiktive Dokumentation ausgestrahlt mit dem selbstredenden Titel »2030 – Aufstand der Alten«.[76] Sie zeigte in düsteren Bildern ein Horrorszenario. Verarmte, vereinsamte und hoffnungslose Rentner werden voller Verzweiflung in den Selbstmord getrieben, da sie niemandem zur Last fallen wollen.

Ja, Deutschland vergreist. Erstens gibt es immer mehr Alte.[77] 1950 war einer von 100 Deutschen 80 Jahre alt oder älter, was 700 000 Menschen entsprach. Heute sind es bereits 4,4 Millionen und somit mehr als 5 % der Bevölkerung. Und bis 2030 dürften noch einmal fast 2 Millionen dazukommen. Dann werden hierzulande 6,2 Millionen über 80 Jahre lang leben. Also fast zehn Mal mehr als Mitte des letzten Jahrhunderts.

Zweitens werden die Alten immer älter.[78] 1950 lag die Lebenserwartung für die damals 60-jährigen Männer noch bei 16 Jahren und für Frauen bei 17 Jahren. Die heute 60-jährigen Männer dürfen hingegen damit rechnen, noch mehr als 21 zusätzliche Jahre zu leben, Frauen sogar 25 Jahre. Ein Ende der weiteren Verlängerung der Lebenszeit ist (glücklicherweise!) nicht in Sicht. Auch künftig dürfte sich die Lebenserwartung der über 60-Jährigen pro Dekade um ein weiteres Jahr verlängern.[79]

Die Vergreisung wird von vielen als tickende Zeitbombe gesehen. Ein aktueller Alterungsbericht der EU-Kommission prognostiziert, dass für Deutschland die jährlichen öffentlichen Ausgaben für Renten, Gesundheit und Pflege von 19 % des BIP im Jahre 2013 auf 21,7 % im Jahre 2030 und auf 23,8 % im Jahre 2060 steigen werden.[80] Das bedeutet für den deutschen Staatshaushalt Zusatzkosten von fast einer halben Billion Euro. Wahrlich bedrohliche Aussichten. Zumindest auf den ersten Blick.

Trotzdem aber bleibt die Angst vor der Vergreisung ein fataler Irrtum! Denn wie wunderbar ist es doch zunächst einmal, dass mehr Menschen so viel länger leben können – und zwar (viel) gesünder – als alle ihre Vorfahren. Wie erbärmlich, darin eine Gefahr zu sehen.

Die Gesellschaft vergreist zwar, aber sie altert nicht wirklich. Denn die Alten von morgen haben mit ihren Großeltern etwa so viel gemeinsam wie das Telefon der 1950er Jahre mit dem Smartphone von heute. Alter bedeutet immer weniger Gebrechlichkeit, Vereinsamung, Unbeweglichkeit oder Hilfsbedürftigkeit. Viele bleiben bis ins Greisenalter aktiv und leistungsfähig. Nach dem Berufsleben beginnen sie neue Karrieren in Politik und Ehrenamt. Sie schreiben sich an Universitäten als Studierende ein, streben einen Abschluss an, und manche wollen noch promovieren. Einige werden in fortgeschrittenem Alter sogar noch einmal Vater. Noch nie hat das Geburtsjahr so wenig über Verhalten, Wünsche und Möglichkeiten ausgedrückt.

Die Alten von morgen werden fast eine Generation länger jung bleiben als ihre Eltern. Waren Mitte des letzten Jahrhunderts die über 60-Jährigen vom langen Leben gezeichnet, fahl, grau und von harter Industriearbeit körperlich ausgelaugt, beginnt der physische und psychische Alterungsprozess heute wesentlich später, bei vielen erst ab dem 80. Geburtstag.

Die Deutschen werden zwar länger leben, aber sie werden deswegen nicht länger pflegebedürftig oder bettlägerig sein als ihre Vorfahren. Im Gegenteil: Immer mehr werden uralt, bleiben aber bis ins hohe Greisenalter gesund, beweglich und in der Lage, für sich selbst zu sorgen.

Für die meisten Rentnerinnen und Rentner kann das Pflegeheim warten, bis sie weit über 80 Jahre alt sind. Anders, als von vielen befürchtet, wird die individuelle Pflegebedürftigkeit nicht dramatisch ansteigen, sie verschiebt sich nur – parallel zur steigenden Lebenserwartung, also etwa eine Dekade (und zunehmend länger) – nach hinten. Um es klar und deutlich zu formulieren: Die mit Gebrechlichkeit und Pflegebedürftigkeit zusammenhängenden Alterskosten werden nicht zunehmen, weil die Menschen länger leben werden – sondern möglicherweise deswegen, weil sich mehr Ältere für ihre letzten Jahre mehr Geld zur Seite gelegt haben und weil die Medizintechnik mehr zu leisten imstande sein wird. Das aber hat weniger mit der demografischen Alterung als vielmehr mit Vermögenseffekten und neuen technologischen Möglichkeiten zu tun.

Das Augenmerk braucht also gar nicht so sehr dem Neubau klassischer Pflegeheime zu gelten. Dafür wird es nicht notwendigerweise einen steigenden Bedarf geben. Es sollte vielmehr stärker auf einem Ausbau seniorengerechter Wohnungen, Alters-WGs, Mehrgenerationenhäusern und betreutem Wohnen liegen.

Es ist einfältig, über die Vergreisung Deutschlands zu lamentieren. Sie kommt, und nichts – auch nicht die Zuwanderung – wird sie verhindern, sondern höchstens leicht bremsen können. Klüger ist es deshalb, möglichst rasch die Chancen und Möglichkeiten einer alternden Gesellschaft nutzbar zu machen. Die Rahmenbedingungen sollten auf die jungen Alten des 21. Jahrhunderts und nicht aus ideologischen Gründen auf das Altenbild der Vergangenheit mit in weit jüngeren Jahren alt gewordenen Großeltern ausgerichtet sein. Dann wird die Vergreisung nicht zum Fluch, sondern zum Segen für Deutschland.

Zweifelsfrei wird durch den historisch beispiellosen demografischen Wandel eine Reihe von Herausforderungen entstehen. Vor allem auch deshalb, weil in

Deutschland die gegenwärtigen politischen Rahmenbedingungen zur Wahrung und Verbesserung des Lebensstandards ganz ausgeprägt auf der Annahme einer jungen und wachsenden Gesellschaft basieren. Das gilt in besonderem Maße für die sozialen Sicherungssysteme.

Das offensichtlichste Problem ergibt sich beim Rentensystem, das in Deutschland nach dem Umlageprinzip funktioniert. Im Gegensatz zum kapitalgedeckten Verfahren sorgen die Erwerbstätigen während ihrer Erwerbsphase nicht für ihre eigene Rente vor. Vielmehr finanzieren sie durch eine direkte Umlage die aktuellen Rentnerinnen und Rentner. Sinken die Geburtenzahlen, gibt es immer weniger Erwerbstätige, um die Rentnerinnen und Rentner zu finanzieren. Gleichzeitig steigen die Kosten aufgrund der längeren Rentenbezugszeiten, verursacht durch die gestiegene Lebenserwartung. Die sozialpolitische Last, die Alten und Älteren zu unterstützen, wird von zahlenmäßig schwächer werdenden jüngeren Schultern zu tragen sein. Für kommende Generationen wird es somit immer schwieriger werden, die Erwartungen der Vorfahren zu erfüllen.

Der Altenquotient veranschaulicht, wie sich die Altersstruktur der Bevölkerung von Erwerbstätigen zu Senioren verschieben wird. Er bildet das Verhältnis der Personen im Rentenalter zu 100 Personen im erwerbsfähigen Alter ab. Bei einem Wert von 20 kommen fünf Erwerbstätige auf einen Senioren, bei einem Wert von 50 sind es zwei und bei einem Wert von 100 ist es einer.

Unter den Annahmen einer vergleichsweise schwachen Zuwanderung mit einem langfristigen Wanderungssaldo von jährlich 100 000 Personen und einem Renteneintrittsalter von 65 Jahren wird der Altenquotient bis 2060 von heute 34,2 auf 64,9 steigen. Bei stärkerer Zuwanderung mit einem langfristigen Wanderungssaldo von jährlich 200 000 Personen und einem Renteneintrittsalter von 65 Jahren steigt der Altenquotient nur unmerklich weniger dramatisch an, und zwar von heute 34,2 auf 61,1.

Der Altenquotient ist jedoch kein konstantes, naturgegebenes Verhältnis. Er wird wesentlich bestimmt von dem durch die Politik festgelegten Renteneintrittsalter. Wird das Renteneintrittsalter auf 67 hochgesetzt, erhöht sich der Altenquotient lediglich auf 57 (statt 64,9) bei »schwacher« und gar nur auf 53,5 (statt 61,1) bei »starker Zuwanderung«. Deutlich wird somit, dass einem erhöhten Renteneintrittsalter ein mehr als doppelt so starker Entlastungseffekt zukommt (von 7,9 bzw. 7,6) als einer erweiterten Zuwanderung (mit 3,8 bzw. 3,5).

Das einfachste Argument, wie der Alterung der Bevölkerung wirtschaftspolitisch begegnet werden kann, liegt somit auf der Hand. Eine Erhöhung der Lebensarbeitszeit wäre in doppelter Hinsicht wirkungsvoll: Einerseits würde die Zahl der Rentnerinnen und Rentner (also der Zähler des Altenquotienten) langsamer steigen, andererseits würde die Zahl der Erwerbsfähigen (also der Nenner des Altenquotienten) höher bleiben. Beides verringert alleine schon und zusammen erst recht den Altenquotienten.

Rein theoretisch ist es eine einfache mathematische Fingerübung, auszurechnen, wie künftig das Rentenalter festzulegen wäre, damit der Altenquotient auf dem heutigen Niveau eingefroren bleibt oder ein bestimmtes, ökonomisch als tragfähig bewertetes Niveau nicht überschreitet.

Eine verlängerte Lebensarbeitszeit ergibt sich nicht zuletzt aus den Gegebenheiten einer Wissensgesellschaft. Noch nie waren so viele Deutsche so gut gebildet wie heute. Jugendliche beanspruchen immer mehr Zeit für ihre Ausbildung. Sie kommen deshalb erst in fortgeschrittenem Alter auf den Arbeitsmarkt. Zudem wird von ihnen eine stetige Weiterqualifizierung erwartet, um den Erfordernissen neuer Technologien entsprechen zu können. Auch in diesen Fortbildungsphasen werden sie dem Arbeitsmarkt temporär entzogen. Die Erhöhung der Lebensarbeitszeit erlaubt, das über ein ganzes Leben angeeignete Wissen und Können länger zu nutzen. Sie würde die Aus- und Weiterbildungsrendite erhöhen und damit Anreize zum lebenslangen Lernen verstärken.

Die konkrete Umsetzung der geforderten Verlängerung der Lebensarbeitszeit müsste in Form eines automatisch atmenden Systems erfolgen. Das Renteneintrittsalter sollte im Einklang mit der weiter steigenden Lebenserwartung angehoben werden. Dadurch würden die Alterssicherungssysteme in zweierlei Hinsicht entlastet: einerseits durch die verlängerte Erwerbstätigkeit und andererseits durch die verkürzte Rentenbezugszeit.

Wenn die Lebenserwartung bei Geburt pro Kalenderjahr um mehr als zwei Monate steigt, sollte die eine Hälfte dieser gewonnenen Lebenszeit als Erwerbszeit genutzt und die andere Hälfte als Freizeit genossen werden. Das würde bedeuten, dass das Renteneintrittsalter Jahr für Jahr um jeweils einen Monat ansteigen würde. Dennoch dürften die Seniorinnen und Senioren immer länger eine Rente beziehen. Die neue Rentenformel müsste demgemäß lauten: durchschnittliche Lebenserwartung minus x gleich gesetzliches Renteneintrittsalter – wobei x der Lebenszeit im Alter ohne Erwerbstätigkeit entspricht.

Auf der Basis heutiger Verhältnisse ergeben sich folgende Zahlen für die neue Rentenformel: $81 - 16 = 65$. In zehn Jahren (2025) würde daraus $83 - 17 = 66$ und in 20 Jahren (2035) $85 - 18 = 67$. Anders als heute müsste also nicht das Renteneintrittsalter erhöht, sondern die Altersfreizeit könnte von heute 16 zunächst auf 17 und schließlich auf 18 Jahre verlängert werden!

Heute liegt die durchschnittliche Lebensarbeitszeit bei 37,5 Jahren (nach 34,7 Jahren in der letzten Dekade). Mit einer automatischen Anpassung des Renteneintrittsalters an die Lebenserwartung würde das Arbeitsleben pro Dekade gegenüber heute um ein Jahr verlängert – aber auch nach 2030 noch immer unter 40 Jahren bleiben, was wesentlich weniger ist als in früheren Zeiten.

Eine Erhöhung der Erwerbsbeteiligung älterer Arbeitnehmer mag auf den ersten Blick dem Wunsch der

Seniorinnen und Senioren nach Ruhe und mehr Freizeit widersprechen. Das kann in einigen Fällen durchaus so sein. Vielfach jedoch sieht die Realität anders aus. Es gibt Ältere, denen Arbeiten Genugtuung spendet, die in ihrem täglichen Tun einen Sinn sehen, der ihnen wichtig ist, die gerne (noch) gebraucht werden wollen, die sich in einem Team oder für andere nützlich machen und nicht zu Hause vereinsamt langweilen möchten. Für manche ergibt sich aus einer Beschäftigung im Alter die Möglichkeit eines gerne genommenen Zuverdienstes, um die Rente aufzubessern. Und für andere bietet sie Anerkennung, Wertschätzung und Zugehörigkeit.

Ältere und Alte können ohne schwerwiegende Probleme aktiv bleiben, Sport treiben, Hobbys pflegen und reisen. Die meisten sollten somit auch fähig sein, etwas länger zu arbeiten – vielleicht nicht Vollzeit, aber doch regelmäßig. Einige mögen das Erwerbsleben als Last empfinden und nichts lieber wollen, als möglichst frühzeitig in den Ruhestand zu wechseln. Das soll ihnen genauso wenig verwehrt sein, wie es selbstredend viele Menschen gibt, die nicht länger arbeiten können und schon weit früher aus dem Erwerbsleben ausscheiden wollen und müssen, weil sie krank, gebrechlich oder ausgebrannt sind.

Die Mehrheit der Älteren wird jedoch aus verschiedenen Beweggründen immer mehr an einer verlängerten Lebensarbeitszeit interessiert sein. Sie will nicht zum rostigen Eisen gehören, sondern zur Mitte der Gesellschaft. Die jungen Alten können und wollen sich sehr gerne noch sehr lange nützlich machen, etwas Sinnvolles tun – und zwar auch in Beruf und Erwerbsleben. Sie streben danach, ihr Wissen und ihre Erfahrung einzubringen und weiterzugeben, allerdings nicht in derselben Funktion und unter den gleichen Bedingungen wie in jüngeren Jahren.

Wie viel aktiver als noch vor wenigen Jahren ältere Menschen heute bereits sind, zeigt sich nicht nur bei der Erwerbstätigkeit: »So nutzten im Jahr 2014 bereits 57 % der Seniorinnen und Senioren einen Computer. Seit 2010 ist dieser Anteil um 8 Prozentpunkte gestiegen. Der Anteil der Internetnutzerinnen und -nutzer an den Personen ab 65 Jahre hat sich im selben Zeitraum von 35 % auf 45 % erhöht. Rund 42 % der Gasthörerinnen und Gasthörer an deutschen Hochschulen waren im Wintersemester 2014/2015 mindestens 65 Jahre alt. Zehn Jahre zuvor hatte der Anteil noch 31 % betragen.«[81]

Um die älteren Menschen wieder stärker in den Arbeitsmarkt zu integrieren, sind einige Korrekturen der bisherigen Politik notwendig. Ein Verständnis, das über 50-Jährige als nicht mehr oder nur erschwert vermittelbar einstuft, entspricht nicht der Realität. Ein frühzeitiges Ausscheiden zu fördern oder die Frührente attraktiv zu machen, widerspricht dem Zeitgeist.

Klüger ist es, älteren Arbeitnehmerinnen und Arbeitnehmern Voraussetzungen zu bieten, ihre sozialen Kompetenzen sowie ihre Berufs- und Lebenserfahrung einzubringen. Dazu gehören beispielsweise Stellen mit kürzeren und flexibleren Arbeitszeiten, die Teilzeitarbeit, Jobsharing und andere Formen der individuellen Arbeitszeitregelung ermöglichen. Dazu gehört aber auch eine altersspezifische Weiterbildung, die zu einer erhöhten Produktivität und verbesserten Mobilität älterer Arbeitskräfte beiträgt.

Entgegen landläufiger Vorurteile ist es nicht zwingend, dass der rasche technologische Fortschritt die über 50-Jährigen in besonderem Maße trifft. Gerade der Strukturwandel vom Industrie- zum Dienstleistungszeitalter bietet gute Möglichkeiten, sich auch mit fortschreitendem Alter in die Arbeitswelt zu integrieren. In Zukunft werden soziale Kompetenzen, Kommunikations- und Teamfähigkeiten, Erfahrung und Geduld, Kreativität und Neugier immer wichtiger werden. Dies sind Faktoren, die mit zunehmendem Alter nicht zwangsläufig schlechter werden müssen.

Eine andere politökonomische und gesellschaftliche Frage bleibt es natürlich, ob eine Anhebung des Rentenalters politisch durchsetzbar ist. Denn damit werden ganz direkt die Interessen der Alten und Älteren tangiert. Selbst wenn viele durchaus bereit sind, länger zu arbeiten, bedeutet ein höheres Renteneintrittsalter den Abbau politisch über Jahrzehnte hart erkämpfter sozialer Rechte und Ansprüche. Auf der anderen Seite werden die Jüngeren und Jungen entlastet. Was bei den Rentenauszahlungen eingespart wird, müssen sie nicht in die Rentenkassen einzahlen. Entsprechend geringer sind die Beiträge zur Rentenversicherung. Es stehen sich also die Interessen der Rentner (die gerne mehr Rente länger erhalten würden) und die Interessen der Erwerbstätigen (die lieber weniger Abzüge von ihren Bruttogehältern hätten) entgegen.

Gerade die demografische Alterung verschiebt die politische Macht von den Jüngeren zu den Alten. Sie führt zu dem bereits beschriebenen Anstieg des Medianalters von heute 45,6 Jahren auf 47,6 Jahre 2030 und auf über 50 Jahre 2050. Das Medianalter findet seine politische Ausprägung im Medianwähler. Das ist der Wähler, der letztlich entscheidet, auf welcher Seite die Mehrheit steht, und der bei Wahlen das Zünglein an der Waage spielt, wer oder welche Koalition an die Regierung kommt. Je höher das Medianalter ist und je älter folglich der Medianwähler werden wird, desto eher wandelt sich die Bundesrepublik zu einer Altenrepublik, in der die Älteren über die Jüngeren herrschen werden.

Was die Kindeskinder unter einer Herrschaft der Alten erwartet, lässt sich exemplarisch an dem von der Großen Koalition zur Jahresmitte 2014 beschlossenen Rentenpaket veranschaulichen. Es ist eine der größten Leistungsausweitungen seit Einführung der dynamischen Rente im Jahr 1957 und wird zu enormen, dauerhaften Mehrausgaben der Gesetzlichen Rentenversicherung (GRV) führen. Der Sachverständigenrat rechnet vor, dass das Rentenpaket im Zeitraum zwischen 2015 und 2025 die jährlichen Rentenausgaben um maximal 4 % erhöhen dürfte, was gut 10 Milliarden Euro jährlich entspricht.[82] Entsprechend wird der Beitragssatz der

GRV um bis zu 0,7 Prozentpunkte weiter zu erhöhen sein, was den Gesamtsozialversicherungsbeitrag bis 2030 auf etwa 43 % ansteigen lassen dürfte.

Offensichtlich wird, dass die Große Koalition ohne Rücksicht auf die Finanzierung und deren Konsequenzen für kommende Generationen – in den Worten des Sachverständigenrates – »eine Rolle rückwärts« vollzogen hat. »Nicht nur, dass mit der abschlagsfreien Rente mit 63 Jahren und der Ausweitung der Mütterrente die ohnehin bislang nur bis zum Jahr 2030 erreichte finanzielle Stabilität gefährdet wurde, sie [die Große Koalition] hat zudem erhebliche Zweifel an ihrer grundsätzlichen rentenpolitischen Strategie aufkommen lassen.«[83]

Eigentlich hat die Bundesregierung mit ihrem Schmusekurs gegenüber den Rentnerinnen und Rentnern alle Zweifel bereinigt. Sie hat die Interessen der Jungen auf dem Altar der Älteren geopfert. Die deutschen Regierungsparteien zeigen, dass sie verstanden haben, wo in einer alternden Bevölkerung die politischen Kraftfelder liegen.

Nicht erst in einer fernen Zukunft, sondern heute schon lässt sich in Deutschland gegen die Macht der Älteren keine Politik mehr machen. Wahlsiege und Mehrheiten gibt es nur noch mit und nicht mehr ohne Zustimmung der Senioren. Wer das verkennt, hat in alternden Demokratien keine politische Überlebenschance. Er wird vom lauten, oft schrillen, manchmal gar gehässigen Protest der Grauhaarigen aus dem Amt gemobbt.[84]

Wer es angesichts der demokratischen Mehrheiten riskiert, sich der Macht der Senioren entgegenzustellen, hat es bereits heute schwer. Er wird es künftig noch schwerer haben. Noch für viele Jahre steigt jeden Tag das Medianalter weiter an, und die politischen Gewichte verschieben sich noch stärker zugunsten der älteren Bevölkerung. Je länger gewartet wird, sich dem Diktat der Alten zu widersetzen, umso hoffnungsloser wird es für die junge Generation und ihre Nachfahren werden, eine Herrschaft einer demografisch alternden Bevölkerungsmehrheit zu verhindern. Gegen die Interessen der Betroffenen und deren politische Übermacht wird sich keine Politik sinkender Renten durchsetzen lassen.

Kleinkinder oder noch nicht geborene Kindeskinder haben keine Lobby, weil sie kein politisches Gewicht haben. Sie können weder wählen noch abstimmen. Um die Jungen gegen eine Diktatur der Alten zu schützen, sollten Kinder das aktive Wahlrecht erhalten. Für Kinder unter 18 Jahren müssten Eltern oder Sorgerechtsvertreter die politischen Interessen ihrer Zöglinge bis zu deren politischer Volljährigkeit treuhänderisch wahrnehmen können. Das tun sie als Erziehungsberechtigte ja ohnehin in allen anderen Bereichen. Wieso nicht auch bei politischen Entscheidungen?

Wenn Kinder von Geburt an das aktive Wahlrecht erhalten, werden sie für die heutige Politik interessant(er). Sie wären dann nicht mehr länger machtlos und müssten ohnmächtig zusehen, wie ungeniert die älter werdende Gesellschaft von heute zu oft und zu weitreichend die Handlungsspielräume kommender Generationen verengt. Dann hätten auch Kinder wenigstens indirekte Macht und Mitsprache, über ihre eigene Zukunft selber zu entscheiden. Dann hätten auch sie eine Stimme, die gehört werden müsste.

Eine Alternative zu einer Verlängerung der Lebensarbeitszeit könnte darin bestehen, gegen die Ursache, nämlich die sinkenden Geburtenzahlen, anstatt gegen die Folgen anzugehen. Denkbar wäre entweder, die Auszahlungen aus der Rentenkasse (also die Renten) positiv oder die Einzahlungen in die Rentenkasse (also die Rentenbeiträge) negativ von der Anzahl eigener Kinder abhängig zu machen. Wer Kinder hat, soll im Alter eine höhere Rente erhalten als Kinderlose. So gesehen ist die Anrechenbarkeit der Kindererziehungsjahre für die Rentenanspruchsermittlung ein richtiger Schritt. Da könnte die Anzahl der Kinder durchaus noch kräftiger gewürdigt werden – nicht zuletzt, um so auch die enorme Leistung alleinerziehender Elternteile weit stärker als heute wertzuschätzen.

Zusammengefasst wird deutlich, dass die demografische Alterung keine überstürzten wirtschaftspolitischen Handlungen erforderlich macht. Anstatt über die Alterung der Bevölkerung zu klagen, sollte nicht nur, sondern muss das Potenzial der alternden Gesellschaft besser genutzt werden. Es gilt, die Voraussetzungen zu schaffen, damit Ältere mit Motivation und Spaß ihr Wissen und ihre Lebenserfahrung so lange ins Berufsleben einbringen wie irgend möglich.

Depressive Stimmungen muss die demografische Alterung allerdings provozieren, wenn die Politik weiterhin einem Kompass folgt, der auf sozialstaatliche Sicherungssysteme aus einer Zeit wachsender und junger Bevölkerungen ausgerichtet ist. Dringend notwendig ist eine vollständige Neuorientierung. Negative Folgen einer alternden Bevölkerung sind nicht gottgegebene Schicksalsschläge. Sie sind politikverursachte Fehlentwicklungen, die mit den richtigen Maßnahmen erfolgreich gemeistert werden könnten.

Die rot-grüne Bundesregierung unter Gerhard Schröder hatte ab Mitte des letzten Jahrzehnts die Sozialsysteme demografiefester gemacht. Das gesetzliche Renteneintrittsalter soll bis 2029 in Monatsschritten von 65 auf 67 Jahre angehoben werden.[85] Anstatt an der einen oder anderen Stelle die Sozialpolitik noch besser an die weiter veränderte Lebenswirklichkeit einer alternden Bevölkerung anzupassen, hatte die Große Koalition 2014 offenbar die dringliche Notwendigkeit gesehen, eine Kehrtwende zu machen. Anstatt länger zu arbeiten attraktiver zu machen, wurde die Frühverrentung erleichtert. So wird die Alterung zu einem durch die Politik verursachten Problem. Unnötigerweise.

Deutschland braucht mehr Zuwanderung

Bedrohung oder Bereicherung, Belastung oder Entlastung: Zwischen diesen Polen spannt sich das Meinungsspektrum, wenn die Folgen der Zuwanderung beurteilt werden. Die einen sehen die Werte des Abendlandes und das Wesen Deutschlands in Gefahr. Andere erachten Zuwanderung als unverzichtbar, um eine vermutete Fachkräftelücke zu schließen. Und nicht wenige halten mittlerweile Zuwanderung für eine eierlegende Wollmilchsau, die scheinbar für viele verschiedene Zukunftsprobleme eine einfache Lösung bietet.

Wie komplex in Wirklichkeit Zuwanderung ist und wie viele unterschiedliche Gesichter sie hat, wird durch die aktuelle Flüchtlingswelle deutlich. Die einen müssen, um Leib und Leben zu retten, in Europa um Asyl ersuchen. Die anderen streben aus Not und Verzweiflung nach Deutschland. Beiden geht es darum, durch Wanderung mehr Chancen für ein besseres Leben zu erhalten.

Aber nicht alle werden von den Aufnahmegesellschaften gleichermaßen willkommen geheißen. Es gibt nationale Einwanderungsgesetze für die Begrenzung der Arbeitsmigration und völkerrechtliche Vereinbarungen zum Umgang mit Flüchtlingen. Sie trennen politisch Verfolgte von Wandernden mit ökonomischen Motiven: eine Differenzierung, die in der Praxis oft nicht nach fairen humanitären Maßstäben vorgenommen werden kann.

Letztlich aber dienen Migrationsgesetze dazu, die Aufnahmegesellschaften vor einem unkontrollierten Ansturm zu schützen und festzuschreiben, wer kommen darf und wer draußen bleiben muss. Sie sollen Wanderungsbewegungen steuern. Dabei geht es primär um Interessen der Aufnahmegesellschaften. Sie möchten jene haben, die passen: »Wir müssen in Deutschland mehr und nicht weniger auf eine qualifizierte Zuwanderung setzen. Und wir müssen sehr darauf achten, wer zu uns kommt.«[86]

Mit Blick auf die großen Herausforderungen der Zukunft wird Zuwanderung von vielen als Heil bringende Medizin gesehen. Sei es, dass Zuwanderung die Kinder ersetzen soll, die in Deutschland nicht geboren werden. Sei es, um jene Talente ins Land zu holen, die das heimische Bildungssystem nicht genügend fördert. Sei es, um die Folgen des demografischen Wandels – die Schrumpfung und Alterung der Bevölkerung – zu verhindern. Wurde Zuwanderung lange Zeit als Problemverursacher gesehen, soll sie jetzt die Problemlösung sein.

Die ökonomischen Wirkungen der Einwanderung sollten weder von den Befürwortern im Guten noch von den Kritikern im Schlechten überschätzt werden. Die Netto-Effekte für Deutschland insgesamt sind weit bescheidener, als es die aufgeregte aktuelle Debatte glauben lässt. Zuwanderung kann höchstens flankierend helfen, große Herausforderungen der Zukunft einfacher zu bewältigen. Sie kann aber nicht als grundsätzliche Problemlösung wirken, die einen Verzicht auf viel spezifischere grundsätzliche Strukturreformen erlauben würde.

Die Folgen von Migrationsprozessen sind komplex. Deswegen ist es enorm schwierig, die makroökonomischen Folgen der Einwanderung zu isolieren und quantitativ zu messen und insbesondere herauszufiltern, welchen tatsächlichen Beitrag die Migration zu gesamtwirtschaftlichem Wachstum, Wohlstand und Beschäftigung einer Volkswirtschaft leistet.

Zuwanderung ist weder immer gut noch immer schlecht. Vor- und Nachteile sind in extremer Weise zeit- und raumabhängig. Kurzfristige Niveaueffekte der Migration werden von langfristigen Wachstumseffekten überlagert. Nachfrageveränderungen erzeugen Angebotsreaktionen.

Es macht einen dramatischen Unterschied, unter welchen äußeren Umständen Zuwanderung erfolgt. Zwischen den Folgen der ökonomisch motivierten Arbeitsmigration und der durch humanitäre Verpflichtungen bestimmten Flüchtlingsmigration klaffen Welten. In konjunkturell guten Zeiten kann Zuwanderung helfen, einen Mangel an Arbeitskräften zu überwinden. In schlechteren Zeiten ist es nicht ausgeschlossen, dass sie Lohndruck und Arbeitslosigkeit verschärft. Genauso hängen die Wirkungen vom Können und Wollen der zuwandernden Menschen ab und davon, wie gut gebildet, wie alt und wie integrationswillig sie sind.

Die Bewertung von Zuwanderung und Integration wird von ganz persönlichen Kosten-Nutzen-Überlegungen der Bevölkerung getrieben, die bereits hierzulande lebt. Dabei geht es nicht um eine abstrakte, makroökonomische Objektivität, sondern um eine konkrete, mikroökonomische Betroffenheit. Nicht alles, was gesamtwirtschaftlich positiv ist, wird von einzelnen Personen als wünschenswert erachtet.

Der US-Wirtschaftshistoriker Charles Kindleberger hat das Auseinanderklaffen von mikro- und makroökonomischer Bewertung so veranschaulicht: »Ein Unfall, bei dem jemand in der Nachbarschaft getötet wird, betrifft uns wohl weit stärker als eine Katastrophe am andern Ende der Welt, bei der Hunderte oder Tausende sterben.«[87] Genauso unterschiedlich wird die Wirkung von Zuwanderung und Integration bewertet, je nachdem, ob und wieweit Menschen direkt oder indirekt, unmittelbar oder nur mittelbar positiv oder negativ betroffen sind.

Für Deutschland gibt es eine Reihe von Untersuchungen, die abschätzen, welche makroökonomischen Effekte Zuwanderung verursacht.[88] Alles in allem teilen die Ergebnisse bei allen Unterschieden doch eine Gemeinsamkeit. Sie zeigen, dass sich Zuwanderung für Deutschland gesamtwirtschaftlich positiv auswirkt. Insbesondere profitieren die einheimischen Arbeitskräfte langfristig von Zuwanderung.[89] In allen Qualifikationsgruppen steigen die Löhne, und die Arbeitslosigkeit geht zurück.

Die Krux der Bewertung von Zuwanderung und Integration liegt jedoch in den Verteilungswirkungen, die durch die Migration verursacht werden. Während die Volkswirtschaft insgesamt von einer Zuwanderung profitiert, werden nicht alle gleichermaßen viel gewinnen. Einige bereits in Deutschland lebende Menschen werden mit Zuwandernden bei der Wohnungssuche, im Beruf, in der Schule oder um Sozialleistungen konkurrieren, andere werden möglicherweise sogar aus dem Arbeitsmarkt verdrängt. Entsprechend ergibt sich ein politökonomisches Spannungsfeld zwischen Gewinnern und Verlierern. Einerseits gewinnen jene, die im alltäglichen Wirtschaftsleben andere Aufgaben wahrnehmen als die Zuwandernden. Andererseits stehen die Übrigen unter Druck, soweit sie im Produktionsprozess die gleichen Aufgaben erfüllen, die von den Zuwandernden erledigt werden können.

Je einfacher deutsche durch einwandernde Arbeitskräfte ersetzbar sind, desto härter ist der Konkurrenzkampf. Bei gut funktionierenden Arbeitsmärkten wird durch die Zuwanderung ein Druck auf die Reallöhne ersetzbarer deutscher Arbeitskräfte ausgeübt (was die direkt Betroffenen negativ beurteilten, für die übrige Wirtschaft aber positiv ist). Bei schlecht funktionierenden Arbeitsmärkten wird die Arbeitslosigkeit ansteigen. Zuwandernde verdrängen dann deutsche Arbeitskräfte aus dem Arbeitsmarkt in die Erwerbslosigkeit.

In der Praxis sind viele der bereits in Deutschland lebenden Menschen mit Migrationshintergrund besonders gefährdet durch weitere Zuwanderung.[90] Sie sind von negativen Beschäftigungswirkungen betroffen, die sich auf einen einfachen Umstand zurückführen lassen: Wer neu nach Deutschland kommt, ist den Menschen mit Migrationshintergrund ähnlicher als den autochthonen Deutschen. Deshalb fallen Verdrängungseffekte für Menschen mit Migrationshintergrund viel stärker aus als für die Einheimischen.

Auch Agglomerations- oder Ballungseffekte können negative Folgen der Einwanderung sein. Dabei geht es weniger um objektive gesamtwirtschaftliche Belastungen als weit stärker um eine subjektive individuelle Betroffenheit. Denn in der Regel sind es nicht die wenigen Zuwandernden, die zu verstopften Straßen, überfüllten Krankenhäusern oder schlechten Schulen führen. Wenn aber in urbanen Brennpunkten die Kriminalität der Ausländer tatsächlich höher ist als jene der Deutschen, oder wenn in Großstädten wie Berlin oder Hamburg die Zahl von Schülern mit jene ohne Migrationshintergrund übersteigt, dann wird sich eine generelle Stimmung gegen die Zuwanderung insgesamt einfacher mobilisieren lassen.

Wenn Einwanderung gesamtwirtschaftlich positiv ist, aber einzelne Teile der Gesellschaft verlieren (oder subjektiv glauben, sie würden verlieren), wird es letztlich eine politökonomische Frage sein, inwieweit Zuwanderung politisch oder gesellschaftlich als positiv oder negativ bewertet wird. Die »Logik des kollektiven Handelns«[91] hilft zu erklären, wieso sich die Interessen von wenigen negativ Betroffenen gegen die Interessen der vielen Profiteure der Zuwanderung oft durchsetzen können: Die relativ wenigen durch die Zuwandcrung relativ stark negativ betroffenen Deutschen lassen sich leichter und wirkungsvoller organisieren als die relativ größere Masse der positiv Betroffenen, die aufgrund der individuell doch geringen Vorteile eher zum »Trittbrettfahren« neigen dürften.

Häufig spielt dabei auch eine Rolle, dass einzelne Interessengruppen die Ängste und Sorgen verunsicherter Menschen für ein strategisches Kalkül missbrauchen. Sie streuen Vorurteile und verbreiten Fehlinformationen, um partikulare Einzelargumente zu allgemein akzeptierten Gemeinplätzen zu machen. Damit versuchen sie dann, mediale oder politische Aufmerksamkeit zu gewinnen.

Die Vorteile der Einwanderung sind anonymisiert. Sie werden nicht wissentlich wahrgenommen. Sie kommen der Gesellschaft insgesamt mehr oder weniger gleichmäßig verteilt zugute, ohne dass die Urheber bekannt sind, etwa so, wie auch die täglichen Vorteile einer gut funktionierenden Rechtsordnung als selbstver-

ständlich genommen werden und sich kaum jemand
mehr darum bemüht, sie ständig hervorzuheben.

Ganz anders beurteilen arbeits- oder wohnungs-
suchende Einheimische die Folgen der Migration. Aus
ihrer direkten Betroffenheit erkennen sie in den Zuwandernden eine direkte Konkurrenz um Arbeitsplätze oder Wohnraum, Kindertagesplätze oder Sozialhilfe.
Wer selber einen Job oder eine Wohnung verliert, wird
sich wenig für die anonymen Vorteile für alle interessie-
ren. In einer verständlichen Angst um Arbeitsplätze, auf
der oft vergeblichen Suche nach billigen Wohnungen
und mit Blick auf einen befürchteten Anstieg der Kriminalität stehen viele Einheimische der Einwanderung
misstrauisch gegenüber – vor allem, wenn sie tagtäglich
an urbanen Brennpunkten unmittelbar mit den Proble-
men der Zuwanderung konfrontiert werden und sich
in ihrem unmittelbaren persönlichen Wohlbefinden
eingeschränkt fühlen.

Während die Vorteile der Einwanderung also kaum
thematisiert werden, bieten negative Erscheinungen
der Migration – selbst wenn sie zahlenmäßig eher selten als häufig passieren – nicht immer, aber oft Stoff
genug, um mit übergroßen Schlagzeilen das Bild zu
schwärzen. Einzelschicksale und verbrecherische Un-
taten werden dann zu allgemeinen Bedrohungsbildern
aufgebaut. Allzu leicht werden dabei Menschen mit
Migrationshintergrund insgesamt in eine Sündenbock-
Rolle gepresst. Allzu rasch bleibt vergessen, dass die
Masse der Zuwandernden ihr Einkommen durch ehr-

liche, in der Regel beschwerliche Arbeit erzielt und damit durch die ganz normale Einkommenssteuer ihren Beitrag zur Alimentierung der Sozialkassen leistet. Aus einer subjektiven Betroffenheit wird oft verdrängt, wie gering die objektive Belastung durch die ausländische Wohnbevölkerung tatsächlich ist. Und die anonymen makroökonomischen Vorteile der Zuwanderung geraten dabei ebenfalls in Vergessenheit.

Die Frage nach dem Sozialkasseneffekt der Zuwanderung ist im Voraus theoretisch nicht eindeutig zu beantworten. Allein eine konkrete Überprüfung in der Praxis liefert genauere Erkenntnisse.[92] Gerade die Empirie bietet aber gewaltige Methoden- und Datenprobleme. Teile des Transfersystems lassen sich nur mit sehr rudimentären Schätzwerten abbilden. Entsprechend fragmentarisch und widersprüchlich sind dann auch bisherige Ergebnisse. Speziell die Vernachlässigung der Rentenversicherung und der dynamischen Wachstumseffekte geben Anlass zu Diskussionen über die Aussagekraft der empirischen Resultate. Zudem sind die Berechnungen zu sehr raum- und zeitbezogen, um sie zu verallgemeinern.

In der Regel ist der Sozialkasseneffekt der Zuwanderung an den Konjunkturzyklus des Aufnahmelandes gekoppelt. Er ist eng mit den Möglichkeiten verbunden, die den Zuwandernden auf dem Arbeitsmarkt sowohl konjunkturell als auch einwanderungsrechtlich offen stehen. Nicht zuletzt spielt die Aufenthaltsdauer eine wichtige Rolle. Denn letztlich ist wichtig, wie erfolgreich sich die Zuwandernden integrieren, wie sehr sie in der Lage sind, zu arbeiten und eigenes Einkommen zu erwirtschaften.

Besonders kritisch wird es deshalb, wenn bei der empirischen Analyse der Migrationseffekte nicht zwischen ökonomischer und humanitärer Wanderung unterschieden wird. Denn selbstredend »kostet« humanitäres Verhalten etwas. Deswegen müssten bei einer ökonomischen Kalkulation der Zuwanderungswirkungen die humanitären Kosten herausgerechnet werden, die Asylsuchende und Flüchtlinge verursachen. Wird aus humanitären Gesichtspunkten Menschen geholfen, die auf der Flucht sind oder in Not stecken, und hat man sich beim Asyl- und Flüchtlingsrecht auf ein bestimmtes Verfahren festgelegt, entstehen für die Aufnahmegesellschaft zwangsläufig Verpflichtungen, die aber weniger mit »Zuwanderung« an sich, sondern mit »Humanismus« zu tun haben.

Dass anerkannte Flüchtlinge Kostenfaktoren werden, hat zunächst einmal mit der aktuellen Gesetzgebung zu tun. Derzeit dürfen Asylbewerber in den ersten drei Monaten ihres Aufenthaltes überhaupt nicht arbeiten. Danach haben sie schlechte Chancen. Denn neben einer Arbeitsmarktprüfung (sie klärt die Rechtmäßigkeit von Arbeitsbedingungen, um Diskriminierung zu vermeiden) gibt es auch eine Vorrangprüfung, die Deutsche, EU-Angehörige oder Ausländer mit bevorrechtigtem Aufenthaltsstatus privilegiert. Erst nach 15 Monaten dürfen Asylbewerber und geduldete Flüchtlinge ohne Beschränkungen arbeiten. Unter einer gesetzlichen Regel, die Asylsuchenden untersagt, ein eigenes Einkommen zu erzielen, obwohl sie arbeiten könnten und auch wollen, kann eine ökonomische Kosten-Nutzen-Analyse des Flüchtlingswesens selbstredend nur negativ ausfallen. Deshalb stellt sich unmittelbar die Frage, ob Asylbewerber nicht viel rascher und einfacher eine Arbeitserlaubnis erhalten sollten.

Die durch die Allgemeinheit zu tragenden Integrationskosten dürften in der Tat keine Bagatelle sein, wenn Flüchtlingswellen schockartig und nicht in Maßen erfolgen – so wie es in den letzten Monaten der Fall war. Wenn innerhalb eines Jahres womöglich bis zu einer Million Asylsuchende zusätzlich in Deutschland leben sollten, wird es auch für ein wohlhabendes Land kaum möglich sein, so rasch so viele zusätzliche Kapazitäten an Wohneinheiten und Kindergärten, Schulen und Ausbildungseinrichtungen, im Gesundheitswesen oder bei der Infrastruktur aus dem Boden zu stampfen, wie notwendig wären, um den Flüchtlingen und ihren Familien eine menschenwürdige Perspektive zu bieten.

Offensichtlich ist, dass Zuwanderung für den Sozialstaat dann zum Problem werden kann, wenn zu leicht, zu großzügig und zu unspezifisch flächendeckend Sozialtransfers über zu viele ausgeschüttet werden. Sozialpolitische Fehlanreize verleiten aber nicht nur Zuwandernde zu einem sozialpolitisch ungewünschten Fehlverhalten. Sie bürden den öffentlichen Kassen ganz allgemein (zu) hohe finanzielle Lasten auf.

An den Kostenpranger gestellte »Migrationsprobleme« erweisen sich deshalb oft nicht als spezifische Probleme der Migration, sondern als generelle Probleme des Sozialstaates!

Zuwanderung lässt sich steuern

Die Bilder gleichen sich. Seit Jahren. Überall auf der Welt. Stets von Neuem. Jetzt sind im Osten und Süden Europas Hunderttausende verzweifelter Menschen zu sehen, die trotz Lebensgefahr versuchen, Grenzbefestigungen, Wasserläufe oder das Mittelmeer zu überqueren. Menschen, die unter Inkaufnahme größter persönlicher Risiken alles tun und alles geben, um dem politischen Terror von Diktatoren, dem religiösen Fanatismus von Ideologen oder der ökonomischen Hoffnungslosigkeit in ihrer Heimat zu entrinnen. Sie wollen nur eines: an einen Ort gelangen, von dem sie sich Sicherheit, Schutz und ein Leben jenseits von Willkür, Verfolgung, Armut und Elend erhoffen.

Die Flüchtlinge zerstören mit Wucht und manchmal Gewalt die Illusion, dass Migration zu steuern sei. Zwar werden in Europa, um politischen Aktionismus zu demonstrieren, mancherorts Grenzzäune erhöht und Stacheldrähte ausgerollt. Andernorts werden Flüchtlingsheime in Brand gesetzt und wird gegen die Aufnahme Asylsuchender protestiert. Beides aber vermag die Flüchtlingswelle nicht abebben zu lassen. Es zeigt sich, dass weder die Ursachen der Flüchtlingswellen kurzfristig verschwinden noch eine Vielzahl der Asylsuchenden mit gutem Gewissen in ihre Heimat abgeschoben werden kann. Das heißt, Deutschland wird in den nächsten Monaten und Jahren mit vielen Neuankömmlingen aus anderen Kulturkreisen zu leben haben, so oder so, gewollt oder ungewollt.

Nachhaltige Pläne der Zuwanderungssteuerung können nicht gegen, sondern nur mit dem Willen der Regierungen der Herkunftsländer umgesetzt werden. Hier bedarf es der internationalen Zusammenarbeit von Aufnahme- und Herkunftsländern. Sie muss darauf ausgerichtet sein, durch ökonomische Anreize, aber auch Sanktionen, den Schutz von Minoritäten einzufordern und sicherzustellen, dass deren Leib und Leben nicht aus politischen oder religiösen Gründen bedroht wird. Wie beschränkt allerdings die Möglichkeiten Deutschlands und selbst einer EU sind, auf Diktatoren, Feudalherrscher und ideologisierte Machthaber einzuwirken, offenbart sich im Nahen Osten oder Nordafrika mit aller Deutlichkeit.

Die Flüchtlingskrise verdeutlicht, dass die Zeit nationaler Migrationspolitik in Europa abgelaufen ist. Deutschland und die übrigen EU-Staaten müssen schnellstmöglich nach einer Vergemeinschaftung der Migrationspolitik streben. Sie sollte insbesondere auch die Flüchtlingspolitik abdecken. Ein Verzicht auf Passkontrollen innerhalb des Schengen-Raums und die Freizügigkeit der Arbeitskräfte innerhalb des Gemeinsamen Marktes verlangen zwangsläufig nach einer gemeinsamen Migrationsstrategie. Sonst ist eine unerwünschte Dreieckswanderung vorgezeichnet. Wer es in die EU geschafft hat, kann danach mehr oder weniger ungehindert in alle anderen EU-Länder weiterziehen, also auch in jene, in die er direkt nicht hätte gehen können, weil er dort – nach den nationalen Migrationsregeln – nicht willkommen wäre.

Eine weiter als heute gehende europäische Vergemeinschaftung bedeutet nicht Ersatz, sondern Ergänzung einer nationalen Migrationspolitik. Deshalb ist es zielführend, wenn in Deutschland ein Einwanderungsgesetz diskutiert wird. Zwar haben die Konservativen in der Union völlig recht. Aus juristischer Sicht gibt es für ein neues Gesetz wenig Grund. Deutschland verfügt heute schon über ein modernes und flexibles Zuwanderungsrecht.

Das positive Urteil über die Einwanderungspolitik wird auch vom Sachverständigenrat deutscher Stiftungen für Integration und Migration in seinem neuen Jahresgutachten 2015 bestätigt: »Die international vergleichende Analyse kommt zu einem bemerkenswerten Ergebnis, das dem öffentlichen Diskurs widerspricht: Deutschland hat politisch-konzeptionell in vielen Bereichen des Migrationsmanagements und der Integrations- und Teilhabeförderung nicht nur deutlich aufgeholt, sondern reiht sich mittlerweile ein in die Riege der als fortschrittlich eingestuften Einwanderungsländer«[93], wie beispielsweise Kanada.

Wieso also braucht es trotzdem ein Einwanderungsgesetz? Der erste Grund ist pragmatischer, nicht ideologischer Natur. Es wäre in jeder Beziehung sinnvoll, über verschiedene Ministerien verstreute Teilbereiche der Migration und der Integration zu bündeln und so eine Einwanderungspolitik aus einem Guss zu ermöglichen. Verwaltungsinterne Doppelungen, Abstimmungsprobleme und widerstreitende Vorgehensweisen ließen sich so vermeiden. Die existierenden Regelungen und Maßnahmen könnten zusammengeführt und gleichermaßen für die Arbeitsmigration, den Familiennachzug und die Flüchtlingswanderungen zu einem einheitlichen rechtlichen Rahmen verschmolzen werden.

Das alles hilft, Kosten zu sparen, Abläufe zu optimieren und Entscheidungsprozesse zu verkürzen. Bei so vielen selbstredend positiven Effekten kann eigentlich niemand ernsthaft gegen ein Einwanderungsgesetz sein, es sei denn, er profitiert in der einen oder anderen Form von unnötiger Bürokratie und Verwaltung.

Der zweite Grund, der für ein eigenständiges Einwanderungsgesetz spricht, hat etwas mit dem Eingeständnis zu tun, dass Deutschland ein Einwanderungsland geworden ist. Deshalb wäre es politisch, gesellschaftlich und auch ökonomisch klug, mit einem Einwanderungsgesetz genau dieses Signal auszusenden: Ja, Deutschland ist ein Einwanderungsland, will es sein und gibt sich deshalb ein Einwanderungsgesetz.

Es soll offensiv und transparent regeln, wer unter welchen Bedingungen kommen, bleiben und arbeiten darf und welche Rechte und Pflichten damit verbunden sind. Transparente und in der Praxis gut handhabbare Regeln sind zu definieren, wie aus der Masse der Zuwanderungswilligen die Zuwanderungsberechtigten herausgefiltert werden. Ebenso ist zu klären, wann und wie die deutsche Staatsangehörigkeit erworben und ob und unter welchen Umständen andere Staatsangehörigkeiten behalten werden können.

Auch hier bedarf es keines Kaltstarts bei null. Im Gegenteil: Mit dem Zuwanderungsgesetz von 2005 und seinen laufenden Ergänzungen hat sich vieles zum Guten verändert. Erstens wurde das Dogma aufgegeben, dass nur Akademiker willkommen sind. Für Mangelberufe in der Informations- und Kommunikationswirtschaft (also beispielsweise für Systemanalytiker, Software-, Web- und Multimedia-Entwickler) steht der Arbeitsmarkt heute auch Fachkräften aus Drittstaaten ohne akademischen Abschluss offen. Zweitens wurde der Grundsatz (vorerst probehalber bis August 2016) aufgeweicht, dass nur zuwandern darf, wer über einen Arbeitsvertrag verfügt. Akademikerinnen und Akademiker dürfen vorübergehend auch ohne Arbeitsvertrag für sechs Monate zur Arbeitssuche einreisen, wenn sie für diese Zeit über ausreichende finanzielle Mittel zur Sicherung ihres Lebensunterhalts verfügen. Drittens werden ausländische Abschlüsse einfacher, schneller und großzügiger anerkannt. Viertens müssen Blue-Card-Inhaber weniger lange warten, um das Daueraufenthaltsrecht zu erhalten. Fünftens ist schließlich auch im Bereich der Integration einiges passiert. So ist es heute leichter denn je, Deutsche oder Deutscher zu werden, auch wenn unverändert die doppelte Staatsangehörigkeit nur unter bestimmten Bedingungen möglich ist.

Verbesserungspotenzial gibt es noch beim Übergang von der Ausbildung zum Berufsleben. Während Studierende nach erfolgreichem Abschluss in Deutschland 18 Monate lang hierbleiben und nach einer ihrer Qualifikation entsprechenden Stelle suchen dürfen, fehlt bei der dualen Ausbildung diese Möglichkeit. Oder bei der Definition der Mangelberufe, die Fachkräften ohne akademischen Abschluss offen stehen, bestehen einige Umsetzungsschwierigkeiten. Beispielsweise bleibt bei der Feststellung der Mangelberufe zu vieles im Ermessen der Verwaltung. So ist nicht ausgeschlossen, dass es Interessengruppen schaffen, einen selbst verschuldeten Fachkräftemangel zu einem gesamtwirtschaftlichen Problem werden zu lassen.

Insgesamt aber bleibt bei der Gesetzeslage der Arbeitsmigration das positive Urteil bestehen. Auch ohne eigenständiges Einwanderungsgesetz hat sich ein beeindruckender Wandel vollzogen. Es geht nicht mehr um Abwehr, sondern um gesteuerte Öffnung. Das Problem liegt jedoch darin, dass die Offenheit und Verbesserungen des Zuwanderungsrechts nur einem kleinen Kreis bekannt sind. Ein Einwanderungsgesetz könnte dafür sorgen, dass die liberalen Spielregeln der Zuwanderung nach Deutschland weltweit besser und damit (an)werbewirksamer bekannt gemacht werden.

Der dritte und wohl wichtigste Grund wäre, dass ein Einwanderungsgesetz ganzheitlich agieren könnte. Mit einer Migrations-Innenpolitik müsste die Arbeitsmigration nach deutschen Interessen gesteuert werden – so wie das alle anderen Staaten auch tun. Allerdings darf man sich nicht von falschen Illusionen leiten lassen. Es kann nur um eine Grob- und nicht um eine Feinsteuerung gehen. So wenig wie möglich und nur so viel wie unverzichtbar notwendig ist zu regulieren. Mit einer Migrations-Außenpolitik hingegen sollte internationalen Vereinbarungen und humanitären Verpflichtungen Rechnung getragen werden, die für Familienzusammenführungen und für Flüchtlinge gelten.

Wie Familienzusammenführung sind Flüchtlingsbewegungen (sozial)politisch hochsensible Themen, für die es keine einfachen Lösungen gibt. Sie folgen eigenen Gesetzmäßigkeiten, die kaum politisch plan- oder gar steuerbar sind. Oft sind sie mit illegalen Schleuseraktivitäten verbunden. Wenn überhaupt, dürften Maßnahmen besonders Erfolg versprechend sein, die bei den Wurzeln ansetzen und gar nicht erst Menschen zu Flüchtlingen werden lassen. Nicht die Symptome einer von allen Seiten ungeliebten und ungewollten Massenmigration, sondern die Ursachen von Flucht und Vertreibung gilt es zu bekämpfen.

Ganz offensichtlich ist, dass sich heutzutage kaum eine der Ursachen der schrecklichen Flüchtlingstragödien in den Zielländern Europas beheben lässt. Alles, was im Norden passiert, hilft den Menschen aus dem Süden bestenfalls im Einzelfall aus lebensbedrohlicher Notlage und höchstens kurzfristig. Für die Massen der von Willkür und Zwang Verfolgten sind alle Maßnahmen jenseits der Heimat wirkungslos, nicht nachhaltig und oft sogar kontraproduktiv. Dann nämlich, wenn Flucht den Despoten und Diktatoren in die Hände spielt, weil sie sich durch Vertreibung die Opposition in einfacher Weise vom Hals schaffen und kritische Gegner mundtot machen können.

Es ist der falsche Ansatz, den Bundesinnenminister an den Pranger zu stellen und Grenzzäune höher und Einwanderungskontrollen schärfer machen zu wollen. Flüchtlingsströme müssen verhindert werden, bevor sie entstehen. Das kann nur an der Quelle geschehen, und Europa kann aus der Ferne lediglich unterstützend helfen, aber nicht direkt intervenieren. Deshalb sind zuallererst der Außenminister und die Entwicklungszusammenarbeit gefordert.

Eine kluge Migrations-Außenpolitik sollte alles tun, was von außen getan werden kann, um in den Herkunftsregionen der Flüchtlinge Stabilität und Sicherheit, Friede und Freiheit zu stärken. Mehr Staatlichkeit und bessere Institutionen, die Minderheiten und Eigentum vor Übergriffen bewahren, Willkür verhindern und für rechtsstaatliche Verfahren, stabile politische Verhältnisse und verlässliche Verwaltungen sorgen, reißen den Flüchtlingsbewegungen die Wurzeln aus und führen zu einem dramatischen Rückgang des Exodus.

Der wahre Kampf gegen Flüchtlingstragödien beginnt in den Herkunftsgebieten der Zwangsvertriebenen und nicht auf den seeuntauglichen Schrottschiffen des Mittelmeers – da ist es längst zu spät. Er muss in Afrika und dem Nahen Osten den kriminellen Diktatoren die politische Gefolgschaft verweigern, den mordenden Despoten die wirtschaftliche Unterstützung entziehen und kriegstreibenden Banden weder Waffen noch Nachschub liefern, noch deren Fluchtgeld entgegennehmen.

Was in der Mittelmeerregion und der angrenzenden afrikanischen oder asiatischen Nachbarschaft innerstaatliche Konflikt- und Gewaltpotenziale verringert, religiöse und ethnische Minoritäten und deren Grundrechte schützt, ist eine Flüchtlingspolitik, die an den Ursachen ansetzt. Sie wird der Komplexität der Flüchtlingsdramatik gerechter, als in Deutschland empört und manchmal gar scheinheilig darüber zu streiten, wer wie weit durch eine Symptompolitik der Abschottung für das Sterben im Mittelmeer verantwortlich sei.

Eine nationale oder europaweite Steuerung der Zuwanderung ist eigentlich nur für die Arbeitsmigration möglich. Flüchtlingsmigration entzieht sich aus humanitären Gründen einer einseitig von der Aufnahmegesellschaft getriebenen Interessenpolitik. Zweifelsfrei ist, dass die Wirtschaft am stärksten profitiert, wenn Menschen, die von außen kommen und hierbleiben, passgenau in Arbeitsmarkt und Gesellschaft integriert werden können.

Die höchsten wirtschaftlichen Steuer-, Produktivitätsvorteile und die geringsten sozioökonomischen Kosten würde ein zuwandernder Idealtyp verursachen, der jung und hoch gebildet ist, Deutsch spricht, die hiesigen Werte und Normen teilt und die deutsche Kultur liebt. Je weiter weg von diesem Idealbild andere sind, umso weniger gerne möchte man sie haben. Denn sie würden gesamtwirtschaftlich zunehmend Nach- und abnehmend Vorteile mit sich bringen.

Um aus der Masse der Zuwanderungswilligen jene herauszufiltern, die dem Idealtyp möglichst genau entsprechen, wird ein detailliertes Gesetz zur Steuerung der Arbeitsmigration verlangt. Gefordert wird ein »am Bedarf« orientiertes System. Ein Abgleich mit den aktuellen Bedürfnissen des deutschen Arbeitsmarktes soll als Zuwanderer privilegieren, wer über Berufserfahrung und Qualifikationen verfügt, die in Deutschland knapp sind oder fehlen.

Welche Illusion ist jedoch mit der Absicht verbunden, Zuwanderung nach den aktuellen Bedürfnissen des heimischen Arbeitsmarktes steuern zu wollen! Mit dem Gastarbeiter-Modell der 1960er Jahre hat man schon einmal den gleichen Fehler gemacht. Mit Hilfe einer als temporär angesehenen Zuwanderung wollte man Personalengpässe bei den Bau- und Industriebetrieben beseitigen und einen Arbeitskräftemangel beheben. Die Ergebnisse sind bekannt.

Was auf dem Reißbrett der Politik als temporäres Migrationsphänomen geplant war, erwies sich in der Realität als dauerhafte Zuwanderung. Was wie ein Königsweg aussah, war bestenfalls kurzfristig ein Weg des geringsten Widerstands. Längerfristig misslang der Versuch, mit massenhafter Zuwanderung zu billigen Arbeitskräften zu kommen. Der wesentliche Grund des Scheiterns einer »am Bedarf« orientierten Steuerung der Zuwanderung lag in den Worten von Max Frisch darin, dass man Arbeitskräfte rief und dann erstaunt war, »dass Menschen kamen«, mit all ihren Erwartungen, Hoffnungen, Verhaltensweisen, Ansprüchen und Fehlern.[94] Junge Männer, die, entgegen dem Plan des Gastarbeiter-Modells, ihre Familien mitbrachten, soziale Kontakte knüpften, politische Mitsprache suchten und in Deutschland dauerhaft sesshaft werden wollten.

Die Lehren aus dem Scheitern der Gastarbeiter-Politik sind einfach zu ziehen. Und sie dürften auch heute noch Gültigkeit haben. Der Komplexität der Ursachen und Folgen von Migrationsprozessen wegen sollte auf eine detaillierte Steuerung der Zuwanderung verzichtet werden. Ein Einwanderungsgesetz sollte so einfach wie nur möglich sein. Es sollte wesentliche persönliche Charakteristika abfragen, die transparent offengelegt und einfach überprüft werden können. Dazu sollten Alter und Sprachtest sicher, Bildungsabschlüsse und Qualifikation möglicherweise gehören.

Abzuraten jedoch ist davon, nach Berufen oder gar nach dem Bedarf der deutschen Wirtschaft Fachkräfte aus dem Ausland auszuwählen. Denn weder kann mit moralisch vertretbaren Mitteln sichergestellt werden, dass Zuwandernde auch wirklich ihrem Arbeitgeber treu bleiben. Noch ist die Dynamik des Strukturwandels zu unterschätzen. Sie wird eh eine ständige Anpassung von Berufen und Qualifikationen an eine neue Arbeitswirklichkeit erforderlich machen.

Nicht nur, dass langfristig schwer zu prognostizieren ist, in welchem Ausmaß Arbeit durch Kapital ersetzbar werden wird und welche Innovationen wie viele Arbeitskräfte überflüssig machen werden. Ebenso entscheidend ist, dass gerade die Makroökonomie offener Volkswirtschaften lehrt, wie eine wohlstandsfördernde effiziente internationale Arbeitsteilung auf verschiedenen Wegen erreichbar ist. Internationaler Handel sowie grenzüberschreitende Investitionen und Arbeitskräftewanderungen können sich in weiten Bereichen gegenseitig ersetzen.[95]

Ob Maschinen zu den Arbeitskräften oder umgekehrt Menschen zur Arbeit wandern, hängt von Transaktions- und Transportkosten ab, deren langfristige Entwicklung heute kaum abgeschätzt werden kann. Wer weiß schon, wo sich im kommenden Zeitalter der Digitalisierung in Zukunft welche Dienstleister mit ihren Kundinnen und Kunden treffen werden? Wieso sollen sich ältere und alte Deutsche von osteuropäischen Krankenschwestern und russischen Ärztinnen im Schwarzwald und nicht auf Mallorca oder in Schlesien pflegen lassen? Wer also von einem Arbeitskräftebedarf redet, den es durch

Zuwanderung zu beseitigen gelte, hat ein ganz spezifisches Modell für das Deutschland der Zukunft im Kopf. Ebenso plausibel sind jedoch Alternativen mit einem ganz anderen ausländischen Zuwanderungsbedarf.

Ein Weiteres kommt dazu: Innerhalb der EU und gegenüber einigen weiteren europäischen Ländern besteht Freizügigkeit für Arbeitskräfte. Wenn sich Menschen aus Süd- oder Osteuropa nach Deutschland aufmachen, dann können sich hierzulande sehr rasch Bedarf und Knappheitsverhältnisse verändern. EU-Angehörige dürfen weitestgehend kommen und bleiben, wie sie wollen – das gilt (mit gewissen Abstrichen) auch für Personen aus Ländern, mit denen die EU Freizügigkeitsabkommen vereinbart hat, wie beispielsweise mit der Schweiz, Norwegen und Island.

Eine Steuerung der Zuwanderung muss so einfach wie möglich bleiben. Nur dann kann sie effektiv sein. Dabei sollte sie dreispurig vorgehen. Sie hat im Spannungsfeld von nationalen Interessen, internationalen Vereinbarungen und moralischen Verpflichtungen erstens die Arbeitsmigration, zweitens die Familienzusammenführung und drittens die Flüchtlingsbewegungen zu regeln.

Bei der Arbeitsmigration wäre es das Beste, eine trilaterale Kommission – bestehend aus Politik, Arbeitgeber- und Arbeitnehmervertretern – würde eine jährliche Obergrenze der Zuwanderungsberechtigten aus Drittländern festlegen. Diese Quote könnte dann mit Hilfe eines einfachen Punktesystems aufgeteilt werden. Gerade die durchaus auch negativen kanadischen Erfahrungen mit einem zu vielfältigen und dadurch zu komplizierten, schwerfälligen und bürokratischen Punktesystem erlauben die Schlussfolgerungen, dass nichts mehr als Alter, Qualifikation und Sprachkenntnisse bewertet und in die Auswahl einfließen sollte.[96]

Ein Punktesystem (das ja nur in Kombination mit der Festlegung von Zuwanderungsquoten seine Wirkung entfalten kann) ist eine echte politische Kompromisslösung. Es erlaubt, mit einem Instrument gleichzeitig zwei Ziele zu erfüllen: das Begrenzungsziel ebenso wie das Steuerungsziel. Der große Irrtum liegt in der Meinung, mit dem Punktesystem würden Tür und Tor nach Deutschland weit geöffnet und die Politik verlöre die in der Tat fundamentale Kompetenz, die Grenzen dicht zu machen, wann immer sie glaubt, die Arbeitsmigration aus Drittländern (die nicht der EU angehören) stoppen zu müssen. Das Gegenteil ist der Fall.

Selbstredend könnte die trilaterale Zuwanderungskommission auch eine Quote von null als angemessen und richtig erachten, was im Klartext nichts anderes bedeutet als einen Zuwanderungsstopp. Es ist somit offensichtlich, dass ein Punktesystem mit jedem Niveau der politisch gewünschten legalen Arbeitsmigration vereinbar ist. Punktesystem und Begrenzung der Zuwanderung sind nicht unversöhnliche Gegensätze, sondern harmonische Ergänzungen!

Zusammengefasst zeigt sich, dass die tatsächliche Steuerbarkeit der Zuwanderung nach Deutschland auf einen Teil der Arbeitsmigration beschränkt ist. Lediglich das ökonomisch motivierte Kommen und Bleiben von Menschen aus Drittstaaten, die nicht dem europäischen Wirtschaftsraum angehören, kann geregelt und begrenzt werden. Dabei sollte man sich keine großen Illusionen machen. Menschliches Verhalten hält sich kaum an staatliche Planziffern, oft widerspricht es ihnen sogar und findet Wege der Umgehung. Die beiden anderen großen Migrationsbewegungen, der Familiennachzug und die Flüchtlinge, entziehen sich in weiten Teilen der Steuerung durch das Aufnahmeland. Internationale Vereinbarungen und moralische Verpflichtungen lassen hier kaum nationale Spielräume offen.

Auch das beste Einwanderungsgesetz kann das Grundproblem der Migration nur so gut wie möglich, keinesfalls aber vollständig lösen. Grenzüberschreitende Wanderungen sind hochkomplexe Phänomene ohne einfache Patentrezepte. Es geht um Menschen, nicht um Waren, Investitionen oder (Finanz-)Kapital. Und deshalb wird zwischen dem ökonomisch Wünschbaren, moralisch Vertretbaren und rechtlich Machbaren immer ein Spannungsfeld bestehen bleiben – Einwanderungsgesetz hin oder her.

Deutschland schafft sich ab

Ohne Zweifel wird die deutsche Bevölkerung von morgen vielfältiger werden. Der Anteil der Personen mit
Migrationshintergrund wird noch viele Jahre weiter zunehmen. Zum einen, weil Deutschland ein attraktives
Zuwanderungsland bleibt – gerade auch für Flüchtlinge
aus aller Welt. Jährlich ziehen momentan weit mehr
als eine Million Menschen neu zu, und es ist ein Ein-
wanderungsüberschuss von rund einer halben Million
zu verzeichnen.[97] Zum anderen, weil Zugewanderte vergleichsweise mehr Kinder haben als die bereits lange
in Deutschland lebenden Menschen. 100 Frauen mit
Migrationshintergrund bekommen im Durchschnitt
etwa 220 Kinder, Frauen ohne Migrationshintergrund
lediglich 180.[98] Zudem bleiben Frauen mit Migrationshintergrund weniger oft kinderlos (10 %) und haben
häufiger drei oder mehr Kinder (32 %) als Frauen ohne
Migrationshintergrund (14 % bzw. 20 %).

Zuwanderung provoziert Ängste vor einer Überfrem-
dung. Der Umgang mit den und dem Fremden führt

zu Massenbewegungen wie Pegida, die »Patriotischen Europäer gegen die Islamisierung des Abendlandes«, die Zigtausende zu Protestmärschen auf die Straßen treibt. Viele Menschen sorgen sich, im eigenen Land zu einer immer kleiner werdenden Minderheit zu werden und von einer kulturell immer fremderen Mehrheit verdrängt und an den Rand der Gesellschaft getrieben zu werden.

Interessanterweise ist die Furcht vor dem Fremden in jenen Regionen Deutschlands am größten, wo es am wenigsten Fremde gibt. Im Osten Deutschlands mit einem Ausländeranteil im niedrigen einstelligen Bereich prallen die verschiedenen Interessengruppen weit militanter aufeinander als in den westdeutschen Ballungsregionen mit rund zehnmal höheren Anteilen an Fremden und Andersgläubigen. Daraus wird erkenntlich, dass man ganz offensichtlich den Umgang mit anderen Kulturen, Gewohnheiten und Verhaltensweisen lernen kann.

Wertkonservative Kreise bewerten den steigenden Anteil von Personen mit Migrationshintergrund als unerwünschtes Szenario, das zu einem Verlust der »deutschen« Identität, traditioneller Werte und Verhaltensweisen führe. Sie fürchten, dass sich »das Deutsche in Deutschland verdünnt«, und wollen, dass ihre »Nachfahren in 50 und auch in 100 Jahren noch in einem Deutschland leben, in dem die Verkehrssprache Deutsch ist und die Menschen sich als Deutsche fühlen, in einem Land, das seine kulturelle und geistige Leistungsfähigkeit bewahrt und weiterentwickelt hat«.[99]

So einfach diese Forderung klingt, so komplex ist es, zu bestimmen, was »deutsch« ist, wie man sich »als Deutsche fühlt« und was »das Deutsche« ist – und wer das letztlich festlegt, Abweichungen misst und bewertet. In der Vergangenheit war vielleicht noch einigermaßen klar, was typisch deutsch war. Die vierköpfige Familie mit dem erwerbstätigen Mann und der Hausfrau oder der »Eckrentner« (so der Terminus technicus für einen fiktiven Modelldeutschen, der allen Charakteristika eines Durchschnittsrentners gerecht wird[100]) bildeten einen Normalfall ab, der für einen Großteil der Bevölkerung in etwa zutraf und für viele nicht allzu weit von der Realität entfernt lag.

Heute gibt es kein allgemeingültiges Verhalten mehr. Alleinstehende, Lebensgemeinschaften mit und ohne Kinder sowie bunte Patchwork-Familien haben an Bedeutung gewonnen. So ist die Zahl der Alleinstehenden im letzten Jahrzehnt um mehr als ein Sechstel angestiegen (17,6 Millionen 2011 gegenüber 15 Millionen 2001), während es 2011 rund 1,4 Millionen Ehepaare weniger gab als 2001. Hingegen lebten im Jahr 2011 insgesamt 2,7 Millionen Personen als alleinerziehende Mütter und Väter (zur Jahrtausendwende waren es 2,3 Millionen).[101]

Neben den Menschen mit Migrationshintergrund werden andere sozioökonomische Kriterien – wie Alterung, Gesundheit und Bildung, Selbstständigkeit und

Pflegebedürftigkeit – zu einer zunehmenden Heterogenität der Gesellschaft führen. Getrieben von diesen demografischen und gesellschaftlichen Motoren, wird der Normalfall genauso verblassen, wie der »Eckrentner« oder die Durchschnittsfamilie nicht mehr repräsentativ für ein Mehrheitsverhalten stehen.

Mit steigender Heterogenität der Gesellschaft wird es immer schwieriger werden, einen Konsens herzustellen, was »das Deutsche in Deutschland« ist. Nicht nur die Menschen mit Migrationshintergrund werden in jeder Beziehung – politisch, gesellschaftlich und wirtschaftlich – mitbestimmen wollen, was »deutsch« ist und was »Deutschland« ausmacht. Für Menschen mit und ohne Migrationshintergrund, Junge und Alte, Gesunde und Gebrechliche, Gebildete und Unqualifizierte, Familien mit und ohne Kinder sowie Stadt- und Landbevölkerung wird der größte gemeinsame Nenner immer kleiner werden.

Wer ist Deutscher, und wer gehört wie stark zu Deutschland? Diese schwierigen und für jeden Staat zentralen Fragen wurden in Deutschland aus naheliegenden historischen Gründen (zu) lange verdrängt. Genau deshalb galt lange der Grundsatz »Deutschland ist kein Einwanderungsland«. Man negierte die Realität einer hohen Zuwanderung und wollte kein Einwanderungsland sein, weil man sonst unweigerlich hätte festschreiben müssen, unter welchen Umständen und Bedingungen Menschen mit Migrationshintergrund »Deutsche« werden können, oder, ob die Zuwandernden und ihre Nachkommen ein Leben lang Fremde bleiben sollen, selbst wenn ihre Kinder nie andernorts als in Deutschland gelebt haben und nur Deutsch sprechen. So blieb auch ungeklärt, inwieweit sich Personen mit Migrationshintergrund an deutschen Werten, Normen, Kultur und Sprache orientieren müssen oder inwieweit sie bleiben können, wie und was sie sind.

Nach dem Fall des Eisernen Vorhangs, dem Ende der Trennung Europas und dem Anfang einer immer stärker voranschreitenden Globalisierung verloren Begriffe wie »Staatsangehörigkeit«, »Inländer oder Ausländer« unter steigendem Druck an Bedeutung. Mit der Süssmuth-Kommission und ihrem Bericht »Zuwanderung gestalten – Integration fördern« wurde dann zu Beginn des letzten Jahrzehnts faktisch anerkannt, dass Deutschland eine Einwanderungsgesellschaft und ein Migrationsland geworden ist und es gleichermaßen und gleichzeitig beides gibt, sowohl eine starke Zu- wie eine starke Auswanderung.[102]

Mit der zunehmenden Heterogenität einer Gesellschaft geht eine größere Spreizung der ökonomischen Situation einher. Die Differenzen bei Einkommen, Vermögen und allgemeiner Lebenssituation zwischen Älteren und Jüngeren, Gesunden und Kranken, Gebildeten und Ungebildeten, Menschen mit und ohne Migrationshintergrund dürften umso ausgeprägter sein, je unterschiedlicher die Menschen sind.

Die steigende Heterogenität wird dann für den gesellschaftlichen Zusammenhalt und die ökonomische

Zukunftsfähigkeit einer Volkswirtschaft zum besonderen Problem, wenn sich bei einzelnen Personen
mehrere negative Zugehörigkeitsformen überlagern.
Also, wenn beispielsweise gering qualifizierte alleinerziehende Elternteile oder kranke Ältere gleichzeitig
auch einen Migrationshintergrund haben. Für sie ist
die Wahrscheinlichkeit sehr hoch, dass sie schlecht integriert sind und von den gesellschaftlichen Entwicklungen und ökonomischen Fortschritten abgekoppelt
und damit ausgeschlossen bleiben. Es kommt dann zu
Segregationsprozessen, und es entstehen Parallelgesell-
schaften. Gesellschaftliche Spannungen könnten dann
ausgeprägter werden, wenn sich die Schichtzugehörig-
keit vererbt und nachfolgende Generationen in die Fuß-
stapfen ihrer Eltern treten, ohne dass es zwischen den
Schichten zu einer Durchlässigkeit kommt.

Eine kluge Integrationspolitik sollte dafür sorgen,
dass die zunehmende Heterogenität der Gesellschaft
nicht zu »sozialer Spaltung« (social divide) führt, sondern für Menschen immer wieder Wege offenstehen,
nach oben aufzusteigen und nicht unten verharren zu
müssen – im schlimmsten Fall sogar über Generationen. Es geht um eine bessere Integration aller, die im
Strukturwandel zurückbleiben. Sie soll eine Durchlässigkeit zwischen den Schichten schaffen, den Aufstieg
von einer unteren zu einer höheren Schicht ermöglichen und verhindern, dass sich die Schichtenzugehö-
rigkeit von Generation zu Generation vererbt.

Natürlich gilt die Forderung für eine bessere Durchlässigkeit und größere Aufstiegschancen in besonderer Weise für jüngere Menschen mit Migrationshintergrund. Obwohl in Deutschland sehr viel öffentliches Geld ausgegeben wird, um Kinder – unbesehen von Herkunft, Bildungsstand und Wirtschaftskraft der Eltern – besser in das deutsche Schulsystem zu integrieren, ist das Ziel der Chancengleichheit für Jugendliche mit Migrationshintergrund bis heute bei Weitem verfehlt worden. Das ist aus zwei Gründen eine Fehlentwicklung, die schleunigst zu korrigieren ist.

1. Erstens sind Kinder mit Migrationshintergrund vielfach hoch motiviert. Sie scheitern jedoch oft nicht intellektueller, sondern sprachlicher Defizite wegen. Es ist unbestritten, dass bei fremdsprachlich aufwachsenden Kindern Deutsch als Zweitsprache umso rascher und einfacher erlernt wird, je früher mit der Sprachförderung begonnen wird. Somit kommt Kindergärten und Vorschulen eine wichtige Rolle zu, die »Sprachlosigkeit« nicht deutschsprachiger Kinder frühzeitig zu beheben. Dabei sollten vermehrt Erzieherinnen und Erzieher mit Migrationshintergrund eingestellt werden. So ließen sich gleich mehrere Ziele gleichzeitig erreichen: einerseits eine sinnvolle Beschäftigung für Fachkräfte mit Migrationshintergrund und andererseits ein kompetenter Wissenstransfer auf der Grundlage eigener Erfahrungen.

2. Zweitens wirkt sich eine bessere Integration von Jugendlichen mit Migrationshintergrund später positiv für die öffentlichen Haushalte aus. Wer besser integriert ist, wird eher eine Beschäftigung finden und somit Steuern und Abgaben entrichten. Wer schlechter integriert ist, wird die Staatshaushalte in mehrfacher Form belasten, weil die Gefahr von Misserfolg und Arbeitslosigkeit größer ist. Einfacher ausgedrückt: Es ist effizienter, in jungen Jahren Jugendliche mit Migrationshintergrund gezielt zu fördern, anstatt in späteren Jahren die Folgen einer misslungenen Integration finanzieren zu müssen.

»Bildung für alle« wurde einst propagiert, um Chancengerechtigkeit zu erzielen. Tatsächlich aber hat das deutsche Bildungssystem wie kaum ein anderes die Vererbung von Bildungschancen zementiert. Die Bildung der Eltern bestimmt immer noch maßgeblich den Bildungserfolg der Kinder. Das ist gerade für viele Heranwachsende mit Migrationshintergrund ein besonderer Nachteil, weil ihre Eltern hinter dem durchschnittlichen Bildungsstand der Deutschen zurücklagen. Ein Rückstand, der nun weitervererbt wird.

Nach einer empirischen Untersuchung des Deutschen Instituts für Wirtschaftsforschung (DIW) vom Januar 2013 erklärt der Familienhintergrund annähernd die Hälfte der Ungleichheit der individuellen Arbeitseinkommen in Deutschland, und über die Hälfte der Variation im formalen Bildungserfolg lässt sich mit dem familiären Hintergrund erklären.[103] »Die bestehende internationale Literatur weist darauf hin, dass das Bildungssystem eine wichtige Rolle dabei spielen kann, den Einfluss des Familienhintergrundes auf den individuellen ökonomischen Erfolg zu reduzieren. Diese Befunde sprechen dafür, die Durchlässigkeit des Bildungssystems zu erhöhen und fehlende Förderung der Kinder in bildungsfernen Familien durch frühzeitige staatliche Angebote zu kompensieren«, so DIW-Forscher Daniel Schnitzlein in seinem Fazit.

Bei einer modernen Integrationspolitik geht es längst nicht mehr darum, durch ein moralisch gutmenschliches Verhalten den Betroffenen einen Gefallen zu tun. Und sie richtet sich bei Weitem nicht nur an Personen mit Migrationshintergrund. Viele andere Menschen weichen mit ihren vielfältigen Wesensmerkmalen vom deutschen Normalfall der Vergangenheit ab.

Bei der Forderung nach einer guten Integrationspolitik geht es um handfeste gesamtwirtschaftliche Interessen. Nicht nur, dass ein Einbezug und eine Teilhabe bis heute nicht voll integrierter Gruppen billiger ist als ein Ausschluss und eine intergenerative Verfestigung schichtenspezifischer Nachteile. Nicht nur, dass die Kosten der Prävention geringer sind als die Kosten einer nachträglichen Therapie. Bei einer guten Integrationspolitik geht es um eine gute Wirtschaftspolitik. Integrationspolitik wird Wirtschaftspolitik.

Deutschland droht ein Fachkräftemangel

In den letzten Jahren hat in Deutschland ein bemer-
kenswertes Umdenken stattgefunden. Bis Mitte des letzten Jahrzehnts dominierte die Angst vor Massenarbeits-
losigkeit die Diskussion. Das Ende der Erwerbsarbeit
wurde beschrieben.[104] »Wann geht uns die Arbeit aus?«,
fragten andere.[105] In der Zwischenzeit hat der Wind gedreht. Die Beschäftigung hat ein Rekordniveau erreicht.
Noch nie haben in Deutschland so viele Menschen einen Job gehabt wie heute. Vollbeschäftigung ist keine
Utopie mehr. Sie ist in greifbare Nähe gerückt – auch
wenn Langzeitarbeitslose und Geringqualifizierte noch
zu oft ohne Erwerbstätigkeit bleiben. Nun dominiert
ein sich abzeichnender Fachkräftemangel die öffentliche Debatte.

Unisono wird in Deutschland aus den Prognosen eines starken Rückgangs der Menschen im Erwerbsalter
ein steil ansteigender Fachkräftemangel abgeleitet. Keine Zahl scheint zu groß, um die drohende Lücke abzu-

bilden. Fehlen Deutschland in einigen Jahrzehnten 8, 10 oder gar 15 Millionen Arbeitskräfte?[106] Und sind als Folge des Fachkräftemangels Wohlstand und Wohlfahrt gefährdet? Das sind die Fragen, deren Antworten viele erschrecken.

Besonders augenfällig hat sich die Optik bei der Fachkräftediskussion in der öffentlichen Wahrnehmung verzerrt. Wie Pilze schießen die Prognosen aus dem Boden, die voraussagen, wie viele ausländische Fachkräfte Deutschland benötige, um einen drohenden Mangel zu beseitigen. Ist es bei den einen nur politische Naivität, verlieren andere mit langfristigen Bedarfsschätzungen für Fachkräfte ihren ökonomischen Sachverstand.

Was für ein Missverständnis! Der Fachkräftemangel ist nicht gottgegeben, er ist menschengemacht. Er hängt damit zusammen, dass zu oft gerade Manager selber jene Probleme verursachen, die sie beklagen. Deshalb ist der Fachkräftemangel vor allem ein Führungsmangel. Er entsteht aus dem Fehlen einer Beschäftigungskultur, die dem 21. Jahrhundert entspricht.

Richtig ist, dass hierzulande Fachkräfte knapper werden. Weniger Junge folgen auf die vielen Alten, die heute Schlüsselpositionen besetzen. Nachwuchs scheint zu fehlen. Dennoch ist die Klage über den Fachkräftemangel kaum berechtigt. Es gibt zwei Stellschrauben, die – von Wirtschaft und Politik richtig gedreht – den Fachkräftemangel zum Trugbild werden lassen[107]:

1. Ein arbeitssparender technologischer Fortschritt reduziert automatisch den Bedarf an Fachkräften. Wenn im Zuge der Digitalisierung intelligente Kommunikationssysteme, Smart Grids, Roboter, selbst fahrende Autos, computergesteuerte Lokomotiven, unbemannte Drohnen und viele andere Innovationen dem Menschen die Arbeit erleichtern oder gar abnehmen, wird man in Zukunft an vielen Stellen viele Fachkräfte gar nicht mehr brauchen. Es gibt Prognosen, die angesichts der Digitalisierung einen Arbeitsplatzwegfall von fast 50 % vorhersehen.[108] Selbst wenn diese Schätzungen weit neben der Wirklichkeit liegen sollten, zeigt eine einfache Überschlagsrechnung, dass bereits ein moderater Fortschritt vollständig genügt, um allen Schreckensszenarien fehlender Fachkräfte jegliche Grundlage zu rauben. Wenn zwischen 2013 und 2060 pro Jahr eine arbeitssparende Effizienzsteigerung von 0,76 % erreicht wird, werden 2060 genau die 34 Millionen Erwerbspersonen gebraucht werden, die bei einer Zuwanderung von jährlich netto 100 000 Personen in Deutschland auch verfügbar sein werden. Sollte die jährliche Nettozuwanderung sogar 200 000 Personen betragen, genügt bereits eine arbeitssparende Effizienzsteigerung von einem halben Prozent. Verglichen mit historischen Daten entsprechen arbeitssparende Effizienzgewinne von dreiviertel bzw. einem halben Prozent ziemlich genau dem langjährigen Durchschnitt der Vergangenheit. Nach

aktuellen Berechnungen des Sachverständigenrats ist die reale Arbeitsproduktivität je Erwerbstätigenstunde in Deutschland in der Periode 2005 bis 2014 um gesamtwirtschaftlich 0,8% gestiegen, im verarbeitenden Gewerbe um 1,6% und in den Dienstleistungsbereichen um 0,6%. Dass das weniger ist als eine Dekade zuvor, hat vor allem mit dem an sich erfreulichen Aspekt der erfolgreichen Integration weniger produktiver Arbeitskräfte in den Arbeitsmarkt seit dem Jahr 2005 zu tun.[109]

2. In Deutschland gibt es heute bereits gut qualifizierte, leistungsfähige und auch leistungsbereite Fachkräfte, deren Potenzial aus sehr unterschiedlichen Gründen ungenutzt bleibt. Viele Erwerbsfähige würden gerne mehr arbeiten, wenn die Arbeitsbedingungen stimmen, also Möglichkeiten zu flexibler Ausgestaltung von Arbeitszeiten und Arbeitsort ausgeschöpft sowie Erwartungen in angemessene Entlohnung und sinnvolle Tätigkeiten erfüllt werden.[110] Sie wären bereit und auch fähig, eine sich öffnende Lücke bei den Fachkräften zu füllen.

Ungenutztes Potenzial 1: Frauen

Es sind vor allem gut ausgebildete Frauen, die nicht entsprechend ihren Qualifikationen und Wünschen erwerbstätig sind. Noch immer bedeutet die Mutterrolle zu oft das Ende der beruflichen Karriere. Traditionellen Mustern der Rollenverteilung der Geschlechter folgend, reduzieren insbesondere Frauen ihren Beschäftigungsgrad bei der Geburt eines Kindes. Im Alter zwischen 20 und 45 liegen die Erwerbsquoten der Frauen mit 78,7 % 10 % hinter denen gleichaltriger Männer mit 88,7 %.[111]

Mit einem einfachen Gedankenexperiment lässt sich zeigen, welches Potenzial bei den Frauen ungenutzt bleibt. Hätten Frauen im Alter von 15 bis 65 die gleichen Erwerbsquoten wie Männer, würden heute schon schlagartig 2,4 Millionen Frauen zusätzlich dem Arbeitsmarkt zur Verfügung stehen. Und noch einmal rund 150 000 Frauen zwischen 65 und 70 kämen dazu, wenn Seniorinnen dem Arbeitsmarkt genauso erhalten blieben, wie das bei den Senioren momentan der Fall ist.

Dabei ist bei der Abschätzung des ungenutzten Potenzials der Frauen noch nicht berücksichtigt, dass Teilzeit weiblich ist. So liegt der Anteil der Frauen, die weniger als 30 Stunden pro Woche arbeiten, bei 37,1 %, jener der Männer bei 7,4 %.[112] Das heißt, das Potenzial an zusätzlichen Arbeitsstunden wäre noch einmal beträchtlich größer, wenn Frauen ähnlich oft wie Männer in Vollzeitstellen beschäftigt wären.

Gegen eine weit stärkere Erwerbsbeteiligung der Frauen spricht nichts. Denn keine frühere Frauengeneration war auch nur annähernd so gut und so lange ausgebildet wie die heutige. In den letzten Dekaden haben Frauen auf allen (Aus-)Bildungsebenen zu den Männern aufgeschlossen. So schaffen 2014 44,8 % der weiblichen, aber nur 35,7 % der männlichen Jugendlichen zwischen 15 und 25 Jahren die Hoch- bzw. Fachhochschulreife.[113] Der Anteil der Frauen mit demselben Abschluss ist auf über 18 % gestiegen und liegt nun nur noch etwa 2 % hinter dem Anteil bei den Männern zurück.[114]

Noch eindrücklicher ist der Aufholprozess der Frauen an den Hochschulen und bei den akademischen Laufbahnen.[115] 47,6 % aller Studierenden des Wintersemesters 2013/14 waren weiblich. Sogar leicht mehr als die Hälfte (50,7 %) aller erfolgreichen akademischen Abschlüsse gingen auf das Konto der Frauen. Immerhin über 40 % aller Promotionen werden von Frauen geschrieben. 20 % aller Professoren sind weiblich (allerdings nur rund 10 % bei den höchsten Besoldungsstufen für Universitätsprofessuren).

Ein Verzicht auf eine weit intensivere Nutzung der erworbenen Fähigkeiten und Qualifikationen ist nicht nur für die betroffenen Frauen ein Verlust. Er wird auch für die Gesellschaft insgesamt immer kostspieliger. Wer lauthals einen vermuteten Fachkräftemangel beklagt, sollte die Arbeitsbedingungen so anpassen, dass fähige Frauen, die wollen, auch mehr arbeiten können.

Ungenutztes Potenzial 2: Ältere

Eine andere »stille Reserve« liegt bei den älter werdenden Deutschen. Die Erwerbsquote geht nach der »Altersschwelle 50« rapide zurück. Liegt sie für die 45- bis

50-jährigen Männer noch bei 94%, sinkt sie für die 50- bis 55-jährigen auf 91%, für die 55- bis 60-jährigen auf 86%, für die 60- bis 65-jährigen auf 61% und erreicht für die 65- bis 70-jährigen gerade noch 16%.[116] Für Frauen liegen die Erwerbsquoten deutlich niedriger als bei den gleichaltrigen Männern, nämlich bei 82,3% für die 50- bis 55-jährigen, 74,7% für die 55- bis 60-jährigen, 45,4% für die 60- bis 65-jährigen und gerade noch 9,4% für die 65- bis 70-jährigen.

Auch hier noch einmal der Hinweis, dass bereits als Erwerbsperson mitgezählt wird, wer mehr als eine Stunde gearbeitet hat, geringfügig beschäftigt ist oder eine Arbeit sucht. Bezogen auf die geleisteten Arbeitsstunden und eine vermutete Reduktion der zeitlichen Arbeitsbelastung mit fortschreitendem Alter sind der Einfluss der Altersschwelle und der altersbedingte Rückgang der Erwerbsbeteiligung somit noch deutlich stärker.

Mit einer einfachen Überschlagsrechnung lässt sich zeigen, welches Potenzial bei den Älteren ungenutzt bleibt. Angenommen, für Männer und Frauen begänne der ökonomische Alterungsprozess fünf Jahre später als derzeit. Das würde bedeuten, dass die »Altersschwelle« nicht bei 50, sondern bei 55 Jahren liegt und erst dann im selben Ausmaß wie heute, aber eben um fünf Jahre zeitverzögert, ein altersbedingter Rückgang der Erwerbsbeteiligung einsetzt. Dann würden von den insgesamt 21,1 Millionen 50- bis 70-Jährigen nicht nur 13,3 Millionen als Erwerbspersonen dem Arbeitsmarkt zur Verfügung stehen, sondern 16,8 Millionen.

Mehr als dreieinhalb Millionen Ältere könnten somit zusätzlich beschäftigt werden. Sicher bei Weitem nicht alle Vollzeit, aber immerhin mehr oder weniger in Teilzeit oder auch, um Kapazitätsengpässe zu überbrücken oder bei Spitzenauslastung aktiv zu werden. Unternehmen könnten von den sozialen Kompetenzen sowie der Berufs- und Lebenserfahrung Älterer profitieren. Notwendig hierfür wären Stellen mit kürzeren und flexibleren Tages- oder Wochenarbeitszeiten, die Teilzeitarbeit, Jobsharing sowie andere Formen der individuellen Arbeitszeitregelung ermöglichen.

Lebensarbeitszeiten ließen sich schnell und einfach verlängern. Wer älter als 55 Jahre ist, wird heutzutage zu rasch zum rostigen Eisen geworfen – das gilt auch und selbst für Fachkräfte. Es ist mehr als offensichtlich, dass eine stetige lebenslange Weiterqualifizierung der inländischen Fachkräfte und Forderungen nach einer zusätzlichen Zuwanderung von Fachkräften aus dem Ausland in einem intensiven Spannungsfeld stehen. Je leichter es scheinbar ist, von außen knappe Fachkräfte ins Inland zu holen, umso schwieriger wird es, eine vergleichsweise akzeptable Rendite aus inländischen Qualifizierungsinvestitionen zu erzielen. Das kann dann problematisch werden, wenn die Vorteile der Zuwanderung von Fachkräften privatisiert, aber die Integrationskosten, die durch Zuwanderung entstehen, sozialisiert werden.

Ungenutztes Potenzial 3:
Menschen mit Migrationshintergrund

Schließlich finden viele Menschen mit Migrationshintergrund in Deutschland nicht jene Jobs, die ihrem Können und Wollen entsprechen. Obwohl in Deutschland geboren und hier zur Berufs- oder gar Hochschule gegangen, bleiben sie – bei gleichen Abschlüssen und Qualifikationen – häufiger erwerbslos als ihre deutschen Kollegen. Die Arbeitslosenquote liegt im Vergleich zu den Deutschen doppelt so hoch, und ihr überdurchschnittlich hoher Anteil bei den Hartz-IV- und Sozialhilfeempfängern spricht schon lange eine mehr als deutliche Sprache.

Personen mit Migrationshintergrund sind und bleiben vergleichsweise schlecht in den Arbeitsmarkt integriert. Sie weisen teilweise dramatisch geringere Erwerbsquoten auf als die autochthone, männliche Referenzgruppe. Das gilt unverändert ebenso, wenn sie völlig identische Qualifikationen und fachliche Voraussetzungen nachweisen können. So bleiben Menschen mit Migrationshintergrund in wesentlich höherem Maße arbeitslos als Menschen ohne Migrationshintergrund. Ihr Können und Wissen bleibt in Deutschland daher in besonderem Maße ungenutzt.

Wie stark die Diskriminierung Jugendlicher mit Migrationshintergrund ist, hat ein einfaches Experiment aufgedeckt.[117] In einem bundesweiten quantitativen Korrespondenztest wurden jeweils zwei Bewerbungen für einen Ausbildungsplatz von überdurchschnittlich qualifizierten männlichen Schülern mit deutscher Staatsangehörigkeit verschickt. Die beiden Bewerber hatten die exakt gleichen Eigenschaften und Qualifikationen; der einzige Unterschied war, dass einer von ihnen einen türkischen Namen hatte und der andere einen deutschen. Gemessen wurde das Rückmeldeverhalten der Unternehmen.

Das Ergebnis: »Die Bewerber mit einem deutschen Namen erhielten insgesamt deutlich häufiger eine Antwort auf ihre Bewerbung als diejenigen mit einem türkischen Namen. Außerdem wurden Jugendliche mit einem türkischen Namen seltener zum Vorstellungsgespräch eingeladen als Bewerber mit einem deutschen Namen und erhielten auch häufiger eine direkte Absage.«

In Zahlen: »Um eine Einladung zum Vorstellungsgespräch zu erhalten, muss ein Kandidat mit einem deutschen Namen durchschnittlich fünf Bewerbungen schreiben, ein Mitbewerber mit einem türkischen Namen hingegen sieben.«[118] Wie passen solche Vorurteile, die zu einer derartigen Diskriminierung führen, zu den Klagen über einen Fachkräftemangel?

Würden Jugendliche mit Migrationshintergrund in Beruf und Gesellschaft erfolgreicher werden, könnte Deutschland auf einfache Weise einen beachtlichen Teil seines demografischen Alterungsproblems lösen. Oder anders formuliert: Es ist in jeder Beziehung eine kostengünstigere Strategie, die bereits in Deutschland lebenden Menschen mit Migrationshintergrund besser in die deutsche Gesellschaft und Arbeitswelt zu integrieren, als Probleme der demografischen Alterung durch »neue« und zusätzliche Zuwanderung beheben zu wollen.

Wiederum zeigt eine einfache Extrapolation, welches Potenzial bei Personen mit ausländischem Pass, die bereits in Deutschland leben, ausgeschöpft werden könnte.[119] Wäre deren alters- und geschlechtsspezifische Erwerbsquote identisch mit jener der Deutschen, würden dem Arbeitsmarkt zusätzlich über 600 000 Erwerbspersonen zur Verfügung stehen.

Schließlich verliert Deutschland jedes Jahr Hunderttausende von Fachkräften, ohne dass jemand ernsthaft diesen Verlust beklagt.[120] Es handelt sich dabei um Personen mit Migrationshintergrund, die nach mehr oder weniger langem Aufenthalt Deutschland verlassen.

Bei allzu vielen Abschätzungen eines durch Zuwanderung zu deckenden Fachkräftemangels wird mit Netto-Migrationssalden argumentiert. Bekanntlich aber errechnet sich der Netto-Saldo aus Zuwanderung minus Abwanderung. In den letzten Jahren sind weit mehr als eine Million Menschen pro Jahr nach Deutschland gekommen (2012: 1,1 Millionen; 2013: 1,2 Millionen; 2014: 1,5 Millionen), und gleichzeitig haben im Durchschnitt 800 000 Menschen Deutschland verlassen (2012: 0,7 Millionen; 2013: 0,8 Millionen; 2014: 0,9 Millionen). Daraus errechnet sich ein stetig ansteigender Saldo von mittlerweile über einer halben Million Personen

(2012: 0,37 Millionen; 2013: 0,43 Millionen; 2014: 0,55 Millionen).[121] Was, wenn lediglich die Hälfte der Abgewanderten geblieben wäre? Dann würden dem deutschen Arbeitsmarkt enorm viele Personen zusätzlich zur Verfügung stehen. Tabelle 2 (siehe Seite 123) fasst die Schätzungen der Überschlagsrechnungen zusammen.

Insgesamt könnten bei maximaler Ausschöpfung aller vorhandenen Potenziale über 6,5 Millionen Erwerbspersonen heute schon dem deutschen Arbeitsmarkt zusätzlich zur Verfügung stehen, nämlich 4,7 Millionen Frauen und 1,8 Millionen Männer. Das entspricht einer Zunahme der Erwerbspersonen bei den Deutschen um 14,6 %, bei den Menschen mit ausländischem Pass um 30 % und bei Deutschen und Ausländern zusammen insgesamt um rund ein Sechstel.

Die Daten der Tabelle 2 entsprechen einem Maximalszenario. Sie gehen von einer schlagartigen Erhöhung sowohl der geschlechts- wie der alters- und migrationsspezifischen Erwerbsquoten aus. Deshalb sind in Tabelle 2 auch die einzelnen Komponenten aufgeführt. Dabei wird deutlich, dass der Alterseffekt (wenn alle, Männer und Frauen, mit und ohne deutschen Pass, bis 70 Jahre arbeiten würden) mit 3,5 Millionen stärker als der Gendereffekt (wenn Frauen im gleichen Ausmaß wie Männer erwerbstätig wären) mit 2,4 Millionen und der Migrationseffekt (wenn Männer und Frauen mit ausländischem Pass im gleichen Ausmaß wie Männer und Frauen mit deutschem Pass erwerbstätig wä-

Tabelle 2: Ungenutzte Potenziale der Erwerbspersonen in Deutschland 2013 (in Millionen)

	Deutsche			Ausländer				Total
	Gender-effekt	Alters-effekt	Total	Gender-effekt	Alters-effekt	Migrations-effekt	Total	
Männer	0	1,569	1,569	0	0,137	0,131	0,268	1,837
Frauen	2,142	1,699	3,841	0,245	0,122	0,509	0,876	4,717
Insgesamt	2,142	3,268	5,410	0,245	0,259	0,640	1,144	6,554
Gendereffekt	2,142			0,245				2,387
Alterseffekt		3,268			0,259			3,527
Migrationseffekt						0,640		0,640
Nachrichtlich: Erwerbspersonen in Deutschland								
Männer			19,638				2,221	21,859
Frauen			17,441				1,596	19,037
Insgesamt			37,079				3,817	40,896
Potenzialeffekt	5,8 %	8,8 %	14,6 %	6,4 %	6,8 %	16,8 %	30,0 %	16,0 %

Gendereffekt: Frauen mit gleicher altersspezifischer Erwerbsquote wie gleichaltrige Männer; Alterseffekt: 50- bis 70-Jährige mit gleicher altersspezifischer Erwerbsquote wie heute 45- bis 65-Jährige; Migrationseffekt: Ausländerinnen und Ausländer mit gleicher altersspezifischer Erwerbsquote wie Deutsche; Potenzialeffekt: Zusätzliche Erwerbspersonen in % der heutigen Erwerbspersonen

Quelle: Eigene Berechnungen mit Daten aus: Statistisches Bundesamt (Destatis): Mikrozensus (Bevölkerung und Erwerbstätigkeit, Stand und Entwicklung der Erwerbstätigkeit in Deutschland). Wiesbaden 2014, Seiten 34 – 36, Tabelle 1.3.

ren) mit 0,6 Millionen zusätzlichen Erwerbspersonen wirkt.[122]

Basierend auf einer langsameren Anhebung der Frauenerwerbsbeteiligung und geringeren Verlängerung der Lebensarbeitszeit (nur bis 67), erwartet das Institut für Arbeitsmarkt- und Berufsforschung (IAB) einen weit schwächeren Einbezug der stillen Reserven als Tabelle 2.[123] Demgemäß nimmt das Erwerbspotenzial bis 2030 um lediglich zwei Millionen Personen zu.

In einer aktualisierten Berechnung und insbesondere unter der Annahme einer verlängerten Lebensarbeitszeit bis 70 und auch einer Angleichung der Erwerbsquoten von Ausländerinnen an jene deutscher Frauen ergibt sich ein zusätzliches Erwerbspotenzial bis 2030 von 5,2 Millionen Personen.[124] Der Unterschied zu Tabelle 2 erklärt sich vor allem dadurch, dass das IAB die Angleichung der Frauenerwerbsquoten an jene der Männer nur für die 30- bis 59-Jährigen vornimmt und nicht für alle (also alle Frauen von 15 bis 70 Jahren).

Sicher wird das Ausschöpfen der stillen Reserven – also Frauen, Ältere und Personen mit Migrationshintergrund – nicht über Nacht in maximalem Umfang möglich sein. Muss es aber mit Blick auf einen erwarteten Fachkräftemangel auch nicht. Denn bis zum Beginn des nächsten Jahrzehnts wird die Zahl der Erwerbspersonen noch nicht sinken – des Flüchtlingszustroms wegen schon gar nicht. Sie wird erst danach relativ langsam geringer werden. Wirtschaft und Politik haben somit reichlich Zeit, die Voraussetzungen zu schaffen, um schrittweise das Potenzial der Frauen, der Älteren und der Menschen mit Migrationshintergrund besser auszuschöpfen. Dazu gehört auch – ganz einfach –, die durchschnittlichen Wochen- oder Monatsarbeitszeiten zu verlängern. Noch arbeiten bei Weitem nicht alle Erwerbspersonen jährlich so viele Arbeitsstunden, wie sie gerne möchten.

Seitens der Unternehmen gilt es, Arbeitszeiten und Arbeitseinsätze so zu flexibilisieren, dass Ältere und Frauen bessere Chancen haben, Fach- und Führungsaufgaben zu übernehmen. Zwar wird immer wieder behauptet, dass Managementaktivitäten nicht teilbar seien. Das stimmt, bedeutet aber nicht, dass Führung nur in Vollzeit und nicht in Teilzeit möglich ist. Strukturen und Abläufe können sehr wohl so organisiert werden, dass Manager Firmen stundenweise statt auf der Basis von 24 Stunden/7 Tage die Woche zu führen imstande sind. Anstelle von Burn-out-Syndromen würden sie so Freiräume erhalten, die sie zum Nachdenken, zur Strategieentwicklung, zur Selbsterholung oder eben für Familie und Kinder nutzen könnten. Damit ließe sich an verschiedenen Stellen die Produktivität nachhaltig steigern – zum Wohle aller Beteiligten.

So oder so wären Unternehmen gut beraten, veraltete, historisch geprägte Führungsstrukturen zu überdenken und Rollenbilder von Arbeit, Beruf und Familie durch zeitgerechte, der heutigen Wirklichkeit entsprechende Verhaltensweisen zu ersetzen. Gerade mittelständische (Familien-)Betriebe haben dabei die riesige Chance, besser und schneller als schwerfälligere Großkonzerne zu reagieren. Sie sollten mit maßgeschneiderten Lösungen dem Einzelfall Rechnung tragen und so die Frauenpower, die Lebenserfahrung Älterer und die kulturellen und sprachlichen Kompetenzen der Personen mit Migrationshintergrund weit besser nutzen, als es bis heute der Fall ist.

Bei einem modernen Fachkräftemanagement sollten beim Lohn nicht Input, sondern Output, also nicht Anwesenheit, sondern Leistung bewertet werden. Das würde den Beschäftigten in verstärktem Maße ermöglichen, Arbeitszeit und Arbeitsort nach eigenem Gutdünken zu wählen, solange die Ergebnisse stimmen. Die alleinerziehende Fachkraft könnte dann vermehrt von zu Hause aus, in den frühen Morgen- oder späten Abendstunden ihr Pflichtenheft abarbeiten. Die ältere Witwe würde vielleicht gerne sonntags oder während der allgemeinen Schulferienzeiten jüngere Fachkräfte mit Kindern entlasten.

Generell geht es bei einem modernen Personalmanagement darum, Menschen zu ermöglichen, verschiedene Rollen miteinander zu vereinbaren. Insbesondere Frauen müsste die Möglichkeit geboten werden, gleichzeitig als Mutter und im Beruf als Fachkraft erfolgreich zu sein.

Noch glauben zu viele Unternehmen, dass sie es sich leisten können, auf die Kompetenzpotenziale hoch qualifizierter Frauen, Älterer und Fachkräfte mit Migrationshintergrund zu verzichten. Das ist ein folgenschwerer Irrtum, der sich heute schon rächt.

Zusammengefasst erweist sich der Fachkräftemangel als Führungsmangel. Es ist ein Armutszeugnis der besonderen Art, wenn angesichts von Millionen arbeitswilliger und erwerbsfähiger, gut qualifizierter Frauen, Älterer und Menschen mit Migrationshintergrund über einen Fachkräftemangel geklagt wird, anstatt innerbetrieblich jene Voraussetzungen zu schaffen, die rasch und nachhaltig eine vollwertige Integration der ungenutzten Kompetenzpotenziale in den Arbeitsmarkt ermöglichen würden.

Besonders weit aufs Glatteis begibt sich, wer glaubt, eine gesamtwirtschaftliche Nachfrage nach Fachkräften für eine in weiter Zukunft liegende Periode voraussagen zu können. Der technologische Fortschritt und die weiter voranschreitende Digitalisierung werden zwangsläufig und erfreulicherweise im Arbeitsprozess und auch in automatisierbaren Alltagsaktivitäten Menschen durch Roboter, Maschinen, Automaten und intelligent verknüpfte IT-Systeme ersetzen. Zudem sucht jede Firma im eigenen Interesse stetig und überall nach Möglichkeiten, die Arbeitsabläufe zu verbessern und den Einsatz von Beschäftigten zu optimieren. Beides zusammen spart und schont Arbeitskräfte und macht sie produktiver und effektiver. Beides wirkt von alleine einem Fachkräftemangel entgegen.

Würde es gelingen, Ältere so gut in das Erwerbsleben zu integrieren wie Jüngere, Frauen so gut wie Männer und Menschen mit Migrationshintergrund so gut wie Menschen ohne Migrationshintergrund, wird der Fachkräftemangel zu einem Phantom. Einiges ist dafür zu tun, und zwar eben nicht nur vom Staat, sondern ebenso und vielleicht sogar vor allem von den einzelnen Betrieben und von jenen Managern, die sich über den Fachkräftemangel beschweren und oft vorschnell, weil es einfacher scheint, nach staatlichen Maßnahmen rufen.

Spätestens an dieser Stelle muss ebenfalls erwähnt werden, dass eine Beschränkung der Analyse auf deutsche Erwerbspersonen ohnehin viel zu kurz greift. Bei der Ableitung einer Fachkräftelücke für Deutschland darf die europäische Dimension nicht ausgeblendet bleiben. Innerhalb der EU besteht Freizügigkeit für Arbeitskräfte. Deshalb können jederzeit und ohne jegliche rechtliche Hemmnisse alle europäischen Fachkräfte zuwandern. Und wenn sie nicht kommen, ist zu fragen, weshalb es deutsche Firmen nicht schaffen, so attraktiv zu sein, (arbeitslose) Fachkräfte aus EU-Mitgliedsländern anzuwerben. Spätestens mit dieser europäischen Perspektive wirkt die gegenwärtige Diskussion über einen Fachkräftebedarf für Deutschland eher provinziell.

Deutschland ist für Talente nicht attraktiv

Es gibt viele Schauspielerinnen, aber nur eine Angelina Jolie. Sie kann aus einem Durchschnittsfilm einen Kassenschlager machen. Sie ist der Erfolgsfaktor für Geldgeber, Produzenten, Nebenschauspieler(innen), Kameraleute und viele andere. Wie lange die Liste derer ist, die dank der Reputation und der Fähigkeiten einer einzelnen Person einen (gut bezahlten) Job haben, lässt sich im Abspann eines jeden Blockbusters ablesen.

Ähnlich ist es bei Fach- und Führungskompetenzen. Sehr oft hängt die Qualität ganzer Teams und Betriebe von wenigen Schlüsselpersonen, oft sogar nur von einer einzigen Persönlichkeit ab.

Da, wo eine kompetente Chirurgin arbeitet, können hochspezifische Operationen vollzogen werden. Dank der Verfügbarkeit über das spezielle Wissen der Medizinerin haben Assistenzärzte, Operationsteams, aber auch Krankenschwestern, Pfleger und Reinigungskräfte einen Job.

In räumlicher Nachbarschaft zu leistungsstarken Krankenhäusern werden sich möglicherweise Dienstleistungsbetriebe niederlassen, die in der einen oder anderen Weise Vorleistungen erbringen, Patienten und deren Angehörige mit Konsumgütern oder Hilfeleistungen versorgen, Therapien anbieten oder sogar komplexe Forschung und Labortests durchführen. Das alles zusammen wird in der einen oder anderen Weise Innovationen anregen und damit die lokale Wertschöpfung zusätzlich stimulieren. So bilden Talente einen Kern, aus dem heraus positive Beschäftigungs- und Wachstumsimpulse auf die nahe gelegene Umgebung ausstrahlen.

Die Volkswirtschaft insgesamt profitiert von Talenten, weil das Wissen und Können Einzelner auch von anderen mitgenutzt werden kann. Das ist das bekannte Blaupausen-Phänomen. Wenn ein Plan gezeichnet ist, kann er im Prinzip tausendfach vervielfältigt werden, und die Qualität des Plans wird deswegen nicht schlechter. Zudem zieht ein Talente-»Pool« Sach- und Finanzkapital sowie weitere kluge Leute aus dem In- und Ausland an. Nach dem Motto, Gleich und Gleich gesellt sich gern, gehen Leute mit Geld, Ideen oder unternehmerischem Mut am liebsten dorthin, wo schon andere kreative, intelligente und dynamische Talente leben und arbeiten.

Der sognannten positiven »Spillover«-Effekte wegen wollen weltweit alle Standorte attraktiv sein für Talente. Erhofft wird, dass High Potentials und High

Performers – also jene hoch qualifizierten, brillanten Menschen, die besonders tatkräftig, risiko- und erfolgsorientiert sind – andere, die weniger klug, schlechter ausgebildet oder nicht so leistungsstark sind, mitreißen und im Ergebnis alle voranbringen. Deshalb kommt es zu einem – auch »War for Talents« bezeichneten – internationalen Wettbewerb um die hellsten Köpfe.

Jahrelang schien Deutschland den globalen »War for Talents« zu verlieren. Das Land galt als wenig attraktiv für besonders leistungsfähige, hoch qualifizierte Schlüsselpersonen. Behauptet wurde, dass Deutschland gegen die USA keine Chance habe, Talente aus aller Welt anzuwerben. Schlimmer noch: Vorausgesagt wurde ein Exodus der eigenen Jugend. »Generation Good-bye« hat das *ManagerMagazin* die junge deutsche Elite getauft, die sich 2005 zu mehr als der Hälfte vorstellen konnte, im Ausland eine neue Existenz aufzubauen.[125]

»Die Klugen verlassen das Land«, titelte der *Stern* eine Ende Dezember 2006 erschienene Geschichte.[126] Sie erzählt, wie Deutschland im weltweiten Kampf um die besten Köpfe zunehmend den Anschluss verliert. Gute Arbeitsbedingungen, bessere Berufschancen, höhere Einkommen, raschere Karriere und größere Freiheiten bei weniger Bürokratie galten als die wichtigsten Faktoren für die Entscheidung, Deutschland zu meiden und zu verlassen.

Ein Teufelskreis wurde an die Wand gemalt. Geht die Jugend, bleiben die Älteren. Dann wird Deutschland tatsächlich zum Altersheim. Forschungszentren und Entwicklungslabors könnten vermehrt in andere Länder verlagert werden, beispielsweise in die USA, nach Großbritannien oder in die Schweiz, in denen kein Fachkräftemangel vermutet wird. Wer forschen und neue, innovative Problemlösungen entwickeln will, findet somit andernorts – nicht in Deutschland – attraktive(re) Arbeitsbedingungen. Deshalb würden noch einmal noch mehr junge Deutsche ihre Heimat verlassen und das Glück im Ausland suchen. So verlöre Deutschland seine jungen, gut ausgebildeten Fachkräfte, forschungsaktive Unternehmen und damit wertschöpfungsstarke Aktivitäten. Damit aber sei die Zukunft verspielt, bevor sie begonnen habe.

In den letzten zehn Jahren und spätestens seit der Finanzmarktkrise hat sich gezeigt, wie sehr die These der mangelnden Attraktivität Deutschlands ein Mythos war. Längst hat sich Deutschland vom Auswanderungs- wieder zum Einwanderungsland gewandelt. Nun streben wieder vermehrt Talente ins stabile, prosperierende Deutschland. Während – in der Tat – »nur 13 % der Zuwanderer, die in den frühen 1990er Jahren nach Deutschland kamen, einen Universitätsabschluss vorzuweisen hatten, ist dieser Anteil für Einwanderer, die zwischen 2005 und 2009 nach Deutschland kamen, auf 37 % gestiegen.«[127]

Heute ist Deutschland dank der positiven Beschäftigungssituation nicht nur für junge Menschen aus dem unter massiver Jugendarbeitslosigkeit leidenden Südeuropa ein attraktives Zielland. Politische Stabilität und ökonomische Prosperität sind ein Magnet, der Hunderttausende, wohl sogar Millionen von Menschen aus aller Welt anzieht, darunter auch viele High Potentials.

So ist im Wintersemester 2014/2015 die Zahl ausländischer Studierender in Deutschland im Vergleich zum Vorjahr um fast 7% von rund 300 000 auf über 320 000 weiter angestiegen.[128] Zur Jahrtausendwende waren es noch weniger als 200 000, bis zur Finanzmarktkrise (2009) weniger als 250 000.[129] Gleichzeitig nahm zwischen 2006 und 2013 das ausländische Wissenschaftspersonal insgesamt um 74% zu, und die Zahl der ausländischen Professoren in Deutschland stieg um 46%.[130]

Auch ein Blick auf die Mobilitätssalden zeigt, dass Deutschland vergleichsweise attraktiv ist. So kamen im Studienjahr 2012/2013 rund doppelt so viele Studierende nach Deutschland, wie Studierende Deutschland verlassen haben.[131] Deutschland war hinter den USA, Großbritannien und Australien – aber vor allen übrigen europäischen Ländern – weltweit das viertwichtigste Zielland für Studierende.

Besser noch: Aus verschiedenen Gründen lohnt es sich auch für deutsche Talente mehr denn je, zu bleiben und höchstens vorübergehend, nicht jedoch dauerhaft aus Deutschland wegzugehen.

Erstens heißt Auswandern, Liebgewonnenes zu verlassen und Bekanntes aufzugeben. Lange gewachsene soziale Wurzeln werden gekappt. Das alte Netzwerk von Familie, Freunden und Bekannten wird zerrissen, oft bevor ein neues in der Fremde aufgebaut ist. Das

Leben jenseits der Arbeit verliert an Qualität. Das Fuß-
ballspielen im Verein, das Bier in der Stammkneipe,
der Grillabend mit den Nachbarn, der Kinobesuch mit
den alten Schulkollegen, kurz, die aktive Teilhabe an
der gesellschaftlichen und kulturellen Gemeinsamkeit
muss aufgegeben werden, ohne dass hierfür kurzfristig
Ersatz bereitsteht. Das vorhandene individuelle Sozialkapital geht mit der Auswanderung auf einen Schlag
verloren. Ein Verlust, der weit schwerer wiegt, weil gerade in einer Wirtschaft, in der alles im Fluss ist, gesellschaftlichen Bindungen, informellen Beziehungen und
verwandtschaftlichen Sicherheitsnetzen eine wichtige
Ankerfunktion zukommt.

Zweitens ist es einfacher, Insider in der Heimat als
Außenseiter in der Fremde zu sein. Wer kennt das nicht
aus seinem Urlaub, dass Einheimische eine Speisekarte
mit niedrigen Preisen und Touristen eine mit hohen
Preisen erhalten? Ähnliches passiert überall und jederzeit. Wer ortsansässig ist, weiß, ob der Laden um die
Ecke faire Preise hat, in welchem Ausmaß der Auto-
händler Rabatte gibt, wie gut diese oder jene Schulen
sind und wo man preiswert isst und einkauft. Fremde
müssen all diese Informationen erst einmal mühsam
zusammensuchen. Das kostet Zeit und Nerven und oft
auch Geld. Das Bleiben ermöglicht, standorttypisches
Wissen bei der Einkommenserzielung (also auf dem Arbeitsmarkt) und bei der Einkommensverwendung (also
beim Konsum) zu nutzen. Dieses ortsspezifische Wissen lässt sich in der Regel nicht transferieren. Es würde

mit der Abwanderung verloren gehen. Wieso sich das Leben schwer machen und in der Fremde suchen, was man in der Heimat billiger haben kann?

Drittens kann, wer Pech hat, den Arbeitsplatz verliert oder kurzfristig einen Kredit braucht, in aller Regel zu Hause auf rasche Erste Hilfe hoffen. Man kennt und unterstützt sich. Man hat Zugang zu informellen Schwarzmärkten, auf denen gehandelt, getauscht und nachbarschaftlich geholfen wird. Man ist wer und hat vielleicht sogar das eine oder andere (Ehren-)Amt inne, ist hier in einem Verein und dort in einer Vereinigung, was sich vielleicht eines Tages als nützlich erweisen kann. Im Ausland ergibt sich dieses vertraute »Wie du mir, so ich dir«-Verhältnis nicht automatisch und nicht sofort. Man ist zunächst einmal ein Nobody, beginnt bei null und muss sich langsam hochdienen, kann weder auf eingespielte Beziehungsnetze zurückgreifen noch auf frühere Erfolge verweisen.

Viertens ist »gewusst wie« Geld wert: Wie muss man sich auf ein Stelleninserat hin bewerben? Welche Kleidung ist einem Vorstellungsgespräch angemessen? Gibt man sich die Hand, oder genügt ein einfaches informelles »Hallo«? Ohne die Kenntnis ortsüblicher gesellschaftsspezifischer Verhaltensweisen und Umgangsformen ist es schwierig bis unmöglich, sich richtig zu verhalten. Wer in den USA im Schwimmanzug zu einer Pool-Party erscheint, muss sich nicht wundern, hoffnungslos falsch gekleidet zu sein. Aber auch die lokalen Produktionsbedingungen haben etwas mit dem »Gewusst wie« zu tun. Wer den Linksverkehr, die europäische Schreibmaschinentastatur, das metrische System, deutsche Maschinen, Apparate, Software sowie die einheimische Qualität von Vor- oder Dienstleistungen gewohnt ist, wird eine Weile brauchen, um sich an andere Gegebenheiten anzupassen.

Fünftens läuft ohne Sprachkompetenz gar nichts: Im gesamten angelsächsischen Sprachraum sind Deutsche den Einheimischen beim (freien) Reden, Formulieren und Schreiben um Längen unterlegen. Das gilt noch viel stärker in Ländern, deren Sprachen den Deutschen wesentlich fremder sind, die von hinten nach vorne und von rechts nach links und in Zeichen kalligrafiert statt in Buchstaben geschrieben werden. Warum sollten junge Deutsche in Ländern, deren Sprache sie nicht sprechen und deren lokale Spielregeln sie nicht kennen, erfolgreicher sein als die dortigen einheimischen Konkurrenten?

Sechstens braucht, wer Deutschland Goodbye sagen will, andernorts viel Goodwill, um an die Spitze zu kommen. Warum auswandern und nicht in Deutschland den Aufbruch zu neuen Ufern wagen? Mit Garantie ist für Deutsche das Risiko zu scheitern in Deutschland geringer als sonst wo auf der Welt.

Es geht nicht nur darum, junge Deutsche im Land zu halten. Es geht auch und sogar noch weit entschiedener darum, für junge Menschen mit einem Migrationshintergrund attraktiv zu sein und zu bleiben. Werden Jugendliche mit Migrationshintergrund erfolgreich integriert, steigt die Chance, dass sie in Deutschland bleiben und hier auch beruflich vorankommen. Dann können sie teilweise jene Lücken schließen, die sich geringer Geburtenraten wegen öffnen.

Zusammengefasst darf beim demografischen Wandel nicht nur die Zuwanderung eine Rolle spielen. Die Verringerung der dauerhaften Abwanderung ist genauso entscheidend.[132] Talenten aus der Fremde soll das Kommen und das Bleiben ermöglicht und erleichtert werden. Aber genauso sollen einheimische Talente – vor allem, wenn sie einen Migrationshintergrund haben – im Land gehalten und ihr dauerhafter Weggang verhindert werden. Es geht darum, eine »brain circulation« zu fördern. So, dass Abwanderung aus Deutschland nicht zur endgültigen, sondern nur vorübergehenden Entscheidung wird. Eine spätere Rückkehr mit neuen Erfahrungen, zusätzlichen Erkenntnissen und erweiterten Netzwerken muss das wirtschaftspolitische Ziel bleiben.[133]

Mythos 9

Mehr Vielfalt ist besser

Das »Einwanderungsland Deutschland« und die Migrationsgesellschaft wecken vielerorts große Hoffnungen. Viele setzen auf die mit der zunehmenden Diversität verbundenen Chancen – gerade auch mit Blick auf die Folgen des demografischen Wandels. So haben sich mit der »Charta der Vielfalt« mehr als 2000 deutsche Unternehmen auf die Fahne geschrieben, »die Anerkennung, Wertschätzung und Einbeziehung von Vielfalt in der Unternehmenskultur in Deutschland voranzubringen«.[134]

Aus ökonomischer Sicht sollte sich Diversität positiv auf die Produktivität auswirken. Wenn es gilt, komplexe Wertschöpfungsketten zu fertigen, kann es – dem ökonomischen Gesetz des komparativen Vorteils folgend – sinnvoll sein, dass sich Beschäftigte entsprechend ihrer besonderen Fähigkeiten auf die Herstellung eines einzigen Kettenglieds spezialisieren. Andere konzentrieren sich auf die Herstellung der übrigen Teilaspekte und darauf, die einzelnen Glieder möglichst effizient ineinander zu verketten. Dann ergänzen sich das Können und die Fertigkeiten unterschiedlicher Charaktere in einem komplementären Verhältnis in effektiver Weise. Eine größere Diversität erlaubt somit eine optimale Arbeitsteilung, Spezialisierung und Kombination individueller Fähigkeiten. Beispielsweise können in einem altersmäßig gemischten Team Alte und Junge voneinander lernen, oder die Älteren bringen ihre Lebenserfahrungen ein, die Jüngeren ihre Risikobereitschaft und Innovationskraft. Gemeinsam kann daraus eine konstruktive Lösung erarbeitet werden.

Gleiches gilt für Teams, die aus Mitgliedern unterschiedlicher Herkunft und Kultur gebildet werden. Andersdenkende oder Außenstehende (Outsider) können für die Dynamik von Innovationsprozessen von entscheidender Bedeutung sein. Die Sicht von außen hilft, über den eigenen Tellerrand hinauszusehen und Probleme »out of the box« »quer« zu denken. Kulturell und sozial durchmischte Teams verfügen über mannigfach unterschiedliche Werte und Ideen, Erfahrungen und Erkenntnisse. Findet zwischen den einzelnen Mitgliedern eine intensive Kommunikation statt, kann diese Vielfalt dazu beitragen, dass sich neue Denkmuster, bessere Vorstellungen und klügere Problemlösungen entwickeln.

Je mehrgesichtiger eine Gesellschaft zusammengesetzt ist, umso breiter wird auch die Palette von Wahlmöglichkeiten auf der Angebots- und Nachfrageseite von Güter- und Faktormärkten sein. Menschen mit

Migrationshintergrund werden ihre Lieblingsprodukte, Essgewohnheiten und Verhaltensweisen aus ihrer Heimat mitbringen. Einige werden sich selbstständig machen und typische Güter aus den Herkunftsregionen anbieten. Ein »Ethnic Business« bereichert das Angebot nicht nur für Personen mit Migrationshintergrund, sondern für alle. Diversität entspricht einer »love of variety« genannten Vorliebe der Menschen für individuelle Lösungen, Produkte und Dienstleistungen gegenüber einem Einheitsbrei.[135] Anstatt eines standardisierten Einheitstyps gibt es eine qualitative Vielfalt, die vielen denkbaren Präferenzen gerecht werden kann.

Als Beispiel sei hier das gastronomische Angebot einer multikulturellen Stadt genannt, das durch die Existenz italienischer, chinesischer oder griechischer Restaurants oder türkischer Kaffeehäuser erweitert wird. Ebenso bereichern japanische Dirigenten oder russische Pianisten das Kulturleben einer Gesellschaft. In der Verbindung mit lokalen Gegebenheiten können neue Entwicklungen entstehen, die wiederum der Präferenz von Menschen für Neuerungen, Modernisierungen und Innovationen entsprechen.

Deutschland sollte die Heterogenität multikultureller Schulklassen und die vielseitige Herkunft der Heranwachsenden nicht beklagen, sondern nutzen. Bunte Vielfalt auf dem Pausenhof, in der Firma oder im Verein ermöglicht allen Kindern und Jugendlichen »automatisch«, jene Internationalität zu lernen und zu erwerben, die für den Erfolg auf ausländischen Märkten unverzichtbar geworden ist. Zudem könnten in späteren Jahren die jungen Erwachsenen als Botschafter und Brückenbauer für deutsche Firmen und Interessen in den Ländern ihrer Vorfahren wirken – zum Vorteil aller.

Schließlich kann die Heterogenität der Nachfrage zu Angebotsreaktionen führen, die sich makroökonomisch positiv auswirken. Diversifikation der Produktionsstruktur als Folge der Diversität hilft, die Abhängigkeiten von einer Monokultur zu vermeiden. Gesellschaften mit einem hohen Grad an Vielfalt zeichnen sich durch eine breitere Produkt- und Qualitätspalette aus, was die Ökonomien widerstandsfähiger gegenüber Schocks werden lässt. Zudem sind homogene Gesellschaften anfälliger für eine Vetternwirtschaft, die zu Protektionismus, Ineffizienz und zu hohen volkswirtschaftlichen Kosten führen kann.[136]

In einem durch Einheitsprodukte und -qualität charakterisierten Markt drohen (natürliche) Monopole und damit möglicherweise eine Marktmacht von Unternehmen. Dadurch dürfte der Wettbewerb mit seinem Druck, Preise auf das Niveau der (Grenz-)Kosten senken zu müssen, vergleichsweise schwach ausgeprägt sein.

Aber nicht nur in der statischen Betrachtung und einer möglichen Monopolbildung mit (zu) hohen Preisen liegen in einer (zu) homogenen Wirtschaftsstruktur Risiken. Auch aus einer dynamischen Perspektive kann sich (zu viel) Homogenität negativ auswirken, und zwar auf die Innovationskraft einer Volkswirtschaft. Wenn alles gleich ist, kann der Anreiz zu Veränderungen aller

Art gering sein, was dann aber auch das Wachstums-potenzial bremst.

Deshalb sind die »Schumpeter'schen« Unternehmer für den Fortschritt so wichtig.[137] Sie geben sich nicht mit dem Gleichgewicht und der Gleichheit zufrieden, son-dern suchen aktiv und innovativ das Neue, das Ungleich-gewichte schafft und Monopolgewinne verspricht. Di-versität fördert und belohnt die Abweichung von der Norm und damit die Innovation und den Fortschritt.

So vielversprechend die Vorteile einer größeren Viel-falt der Bevölkerung sind, so sehr erwachsen aus der Di-versität auch Nachteile. Als Folge der demografischen Alterung, der höheren beruflichen und geografischen Mobilität sowie der zunehmenden Individualisierung wird in deutschen Unternehmen das Spektrum der Mitarbeiterinnen und Mitarbeiter wesentlich breiter werden. Die Spreizung zwischen dem ältesten und dem jüngsten Betriebsangehörigen wird größer. Eben-so wird die gesellschaftliche, kulturelle und religiöse Herkunft der Mitarbeiterinnen und Mitarbeiter vielfäl-tiger sein. Führungskräfte sind nicht mehr zwingend deutscher Herkunft. Und schließlich wird die Spezia-lisierung weiter voranschreiten, sodass innerhalb der Firmen die gemeinsame Wissensbasis schmaler und die Unterschiede im Bildungsstand ausgeprägter wer-den. Alles in allem nimmt die Heterogenität auf allen Ebenen zu, sodass der Durchschnitt immer weniger in der Lage ist, dem Einzelfall gerecht zu werden.

In der Vergangenheit war einigermaßen klar, an

welchen Eckwerten sich die Unternehmen orientieren konnten, wenn es galt, betriebliche Normen zu definieren, um für alle gleichermaßen geltende Verhaltensweisen und Umgangsformen zu schaffen – beispielsweise bei der Lohnfindung oder der Arbeitszeiterfassung. Es gab Auszubildende, Mitarbeiter und Rentner. Familienväter arbeiteten Vollzeit, Frauen Teilzeit oder zeitweise gar nicht, und um in der Führungshierarchie nach oben zu kommen, war es hilfreich, älter, männlich, verheiratet und deutsch zu sein. Dieser »Normalfall« traf für einen Großteil der Unternehmen durchaus zu.

In Zukunft werden die Möglichkeiten und Wünsche einzelner Mitarbeiterinnen und Mitarbeiter immer weiter auseinanderdriften. Da scheitert ein standardisiertes Führungsverhalten, das auf einen Durchschnitt ausgerichtet ist, der für die Gesamtheit der Mitarbeiterinnen und Mitarbeiter nicht mehr repräsentativ ist. Je nach individueller Lebenssituation, Lebensplanung und Lebensphase wollen die Mitarbeiterinnen und Mitarbeiter unterschiedlich behandelt werden. Sie erwarten vom Unternehmen entsprechende, auf die aktuellen Wünsche zugeschnittene Angebote. Dazu gehören die Flexibilität, die Arbeitszeit weitgehend selbstständig einteilen und zunehmend ortsungebunden auch von anderen Arbeitsplätzen, von unterwegs oder von zu Hause aus arbeiten zu können, und Optionen, die Arbeitszeit abzusenken, um zum Beispiel mehr Zeit für Kinder, pflegebedürftige (ältere) Familienangehörige oder die eigene Weiterbildung zu haben. Dazu zählt aber auch die Option, nach einer Auszeit die Arbeitszeit wieder hochfahren zu können, wenn man das wünscht.

Damit wird auch offensichtlich, dass standardisierte Lohnfindungsprozesse in Zukunft lediglich noch als Ausgangslage eine Rolle spielen dürften – also beispielsweise bei der abstrakten Festlegung, in welchem Verhältnis fixe und variable Gehaltsbestandteile stehen sollen oder wie die Leistung Einzelner bei Teamarbeiten zu bewerten ist. Immer stärker werden Löhne und Arbeitsbedingungen einzelfallweise zu verhandeln sein. Dabei wird es zwischen Arbeitgebern und -nehmern zu individuell angepassten zeitlichen (Wann wird gearbeitet?), örtlichen (Wo wird gearbeitet?) und sachlichen (Was ist zu leisten?) Vereinbarungen kommen. Im Zusammenspiel von Unternehmen und Mitarbeiterinnen und Mitarbeitern werden Transparenz und Fairness wichtig sein. Geheimhaltung im Internetzeitalter ist nicht mehr möglich. Moderne Kommunikationssysteme und Social Media sorgen sowieso dafür, dass offenbart wird, wer wofür wie entlohnt wird.

Mit einem Verlust von Einheitlichkeit, Einheitsgröße und Einheitsgeschmack gehen die immensen Vorteile der Standardisierung mit ihren »economies of scale« – also Größeneffekten der Massenproduktion – und fallenden durchschnittlichen Stückkosten (zumindest teilweise) verloren. Individuelle Spezifizierungen sind immer teurer als standardisierte Einheitslösungen. Das gilt nicht nur im streng ökonomischen Sinne für die Produktion von Gütern. Es trifft auch für Politik und

Gesellschaft zu. Je mehr Menschen sich an allgemeine Gesetze, Normen und Verhaltensweisen halten, desto größer ist der Nutzen für alle. Und je weniger Politik allgemeinen Grundsätzen folgen kann und Einzelfallpolitik wird, umso komplexer wird sie.

Je unterschiedlicher die individuelle Prägung der Menschen ist, die in einer Gesellschaft leben, umso differenzierter werden die Wünsche und Erwartungen der einzelnen Mitglieder sein. Die Heterogenität der Präferenzen erfordert für die Märkte und ihre Regulierung einen Informations- und Koordinationsaufwand, der höher liegt als in einer homogenen Gesellschaft. So planen beispielsweise Ältere bei ihren Entscheidungen mit einem anderen – nämlich kürzeren – Zeithorizont als Jüngere. Sie ziehen in der Tendenz Verhaltensweisen vor, die eher kurz- als langfristig und mehr auf Konsum und weniger auf Sparen ausgerichtet sind. Besonders wenn es um ganz grundsätzliche Fragen wie die Einführung neuer Technologien geht, dürften Ältere risikoscheuer als Jüngere sein und lieber am Status quo festhalten wollen. Daraus ergibt sich ein Spannungsfeld zwischen den verschiedenen Teilen einer Gesellschaft und ihren unterschiedlichen Präferenzen, was gewünscht und was abgelehnt wird.

Die Abstimmungs- und Organisationskosten dürften in einer heterogenen Gesellschaft bei der Bereitstellung öffentlicher Güter besonders groß sein. Ältere werden an Senioren- und Pflegeheimen interessiert sein, während sich jüngere Eltern Kindergärten und Ganzta-

gesstätten wünschen. Anders als die Mehrheitsgesellschaft benötigen Menschen mit Migrationshintergrund
Sprachkurse und Integrationsklassen. Aufgrund unterschiedlicher Forderungen für öffentliche Güter kann
es zu Konflikten bei der politischen Meinungsbildung
und insgesamt zu höheren Transaktionskosten – also
Abstimmungs- und Koordinationskosten – des alltäglichen Miteinanders kommen als in einer homogenen
Gesellschaft.

Bei steigender Diversität dürften als Folge zunehmender sprachlicher, kultureller und sozialer Distanz
das Zusammengehörigkeitsgefühl einer Gesellschaft
schwächer werden und die Kommunikationskosten
zwischen den verschiedenen Gruppen ansteigen. Ein
»Wir-Gefühl« kann verloren gehen. Manchmal fehlen
gemeinsame Werte und Bindungen, oft auch die gemeinsame Sprache.

Die Sprachlosigkeit kann auch Konsequenz des technologischen Fortschritts sein. Beispielsweise, wenn
Smartphones und soziale Medien Jüngeren eine neue
Interaktion ermöglichen, die Älteren fremd ist (und
bleibt). Sollen diese Nachteile behoben und ein gemeinsamer Nenner gefunden werden, fallen Kosten für Anpassung, Weiterbildung und Integration an, die umso
höher sein dürften, je stärker eine Gesellschaft in einzelne diverse Teile zerfällt.

Besonders dramatisch negativ kann sich Diversität
dann auswirken, wenn der soziale Zusammenhalt einer
Gesellschaft so schwach wird, dass sich die einzelnen

Gruppen nicht mehr als Teile eines gemeinsamen Ganzen verstehen, sondern als Konkurrenten oder gar Gegner.[138] Dann verliert die Gesellschaft das für den inneren Kitt so wichtige Sozialkapital, das sich als wesentlicher Faktor für den wirtschaftlichen Erfolg erwiesen hat.[139]

Sozialkapital ist das gesellschaftliche Bindemittel jenseits wirtschaftlicher Leistungsfähigkeit und juristischer Gesetze. Es geht nicht darum, was gesetzlich erlaubt oder ökonomisch möglich ist, sondern darum, was gesellschaftlich akzeptiert wird. Es geht um informelle Normen, die weder aufgeschrieben noch ständig ausgesprochen werden. Je mehr Menschen sich an eine Norm halten, desto reibungsloser funktioniert die Ökonomie.

Vertrauen erleichtert die Zusammenarbeit und das Zusammenleben. Man kennt sich. Künftige Handlungen sind berechenbar. Es muss nicht jedes Mal viel Aufwand betrieben werden, um zuverlässige Erwartungen über das Verhalten in bestimmten Situationen zu erhalten. Vielmehr kann auf Erfahrungen aus der Vergangenheit aufgebaut werden. Je heterogener eine Gesellschaft ist oder wird, desto schwieriger dürfte es werden, Sozialkapital zu schaffen und zu erhalten.[140]

Zusammengefasst zeigt sich, dass es bei den Folgen der Diversität um ein Optimierungsproblem geht – wie so oft in der Wirtschaftspolitik. Mehr Vielfalt ist nicht immer besser. Etwas Heterogenität ist positiv, weil dadurch Kreativität und Innovationskraft und als Folge Produktivität und Wachstumsdynamik zunehmen. Zu viel Heterogenität ist negativ, weil dadurch die Transaktionskosten der Kommunikation, Verständigung und des Informationsaustausches steigen, die Verhaltenssicherheit sinkt und das soziale Zusammengehörigkeitsgefühl schwächer wird.

Zwischen den positiven und negativen ökonomischen Auswirkungen der Diversität besteht ein Spannungsfeld. Die Vorteile einer dynamischen Innovationskraft der Ideen- und Wissensvielfalt auf der einen Seite müssen abgewogen werden mit den Nachteilen der Diversität in Form zunehmender Koordinations-, Organisations- und Kommunikationskosten sowie schwindenden Sozialkapitals auf der anderen Seite.

Mythos 10

Die Gleichwertigkeit der Lebens-verhältnisse ist unantastbar

Die »Herstellung gleichwertiger Lebensverhältnisse im Bundesgebiet« ist als politische Forderung fest im Grundgesetz verankert (Art. 72 (2)). An anderer Stelle wird daher verlangt, dass »die Einheitlichkeit der Lebensverhältnisse im Bundesgebiet gewahrt wird« (Art. 106 (3) 4).[141] Das Versprechen, dass der Bund dafür sorgt, dass überall in Deutschland die »Daseinsvorsorge« – also die Grundversorgung mit öffentlicher Infrastruktur – von mehr oder weniger gleicher Qualität ist, gehört zur DNA eines föderalen Bundesstaates. Es ist eine wesentliche Klammer, die hilft, aus verschiedenen regionalen Teilen ein gemeinsames Ganzes zu schaffen.[142]

Die Absicht, in ganz Deutschland gleichwertige Lebensverhältnisse herzustellen, folgt staatspolitischen Zielen. Ein Finanzausgleich von prosperierenden zu strukturschwachen Regionen, von geografisch privilegierten Zentren zur ländlichen Peripherie soll ein stabiles Gleichgewicht zwischen den in vielerlei Hinsicht unterschiedlichen Bundesländern und Kommunen schaffen. So, dass ortsunabhängig alle Deutschen nicht nur rechtlich gleichberechtigt, sondern auch ökonomisch gleichgestellt werden. Niemand darf dadurch benachteiligt sein, am falschen Ort geboren worden zu sein. Alle sollen überall die gleichen Chancen auf ein glückliches Leben haben.

Die Herstellung gleichwertiger Lebensverhältnisse erfordert ein komplexes Geflecht finanzieller Ausgleichszahlungen, deren Effektivität und Effizienz in verschiedener Hinsicht in Frage zu stellen sind.[143] Im Kern verfolgen die finanziellen Transfers den Grundsatz, dass die Infrastruktur zu den Menschen und nicht die Menschen zur Infrastruktur gebracht werden sollen. Also werden flächendeckend Schulen, Krankenhäuser und öffentliche Einrichtungen angeboten, und ein dichtes Netz von gut ausgebauten Straßen sorgt dafür, dass Menschen überall wohnen bleiben können und die Daseinsvorsorge zu ihnen kommt.

Der Ausbau der öffentlichen Infrastruktur in die Fläche fördert die Sesshaftigkeit der Menschen, was gewolltes staatspolitisches Ziel ist, um Entleerung und Entvölkerung peripherer ländlicher Gebiete zu verhindern. Aber ökonomisch wird es umso kostspieliger, eine Gleichwertigkeit der Lebensbedingungen herzustellen, wenn in der Realität die Gesellschaft immer heterogener und die individuellen Lebenswege immer unterschiedlicher verlaufen.

Eine flächendeckende Sicherung der Daseinsvorsorge ist mit hohen Fixkosten verbunden. Die Kosten, eine Straße oder einen Breitbandzugang zum Internet (aus) zu bauen, sind in weitem Maße unabhängig von der Anzahl der Autos oder der Datenmengen, die sie später befahren oder benutzen werden. Deshalb unterscheiden sich bei der öffentlichen Infrastruktur die Kosten pro Kopf zwischen Ballungsräumen und dünn besiedelten Regionen gewaltig. In Agglomerationen ist es dramatisch viel billiger, die Bevölkerung an Verkehrs-, Kommunikations-, Energie- und Wassernetze anzuschließen, als in peripheren ländlichen Räumen.

Der demografische Wandel wird die grundgesetzlich verankerte »Herstellung gleichwertiger Lebensverhältnisse im Bundesgebiet« in Frage stellen. Er setzt eigendynamische Kräfte frei, die eine stärkere Polarisierung zwischen Zentrum und Peripherie, Kernstädten und ländlichem Raum provozieren. Wenn Menschen aus freien Stücken vom Land in die Stadt flüchten, weil sie sich dort eher einen passenden und gut bezahlten Arbeitsplatz und bessere Chancen für ihre Kinder sowie ein höherwertiges Angebot an Gesundheits-, Kommunikations- und Kulturleistungen erhoffen als auf dem flachen Land, wo es kaum mehr Kindergärten, Apotheken oder Kinos gibt, verschärfen sie ohnehin schon bestehende Ungleichgewichte der Standortattraktivität.

Durch die Land-Stadt-Wanderung steigen für die Zurückbleibenden im peripheren Raum die Durchschnittskosten für die öffentliche Infrastruktur (weil als Folge der Abwanderung die fixen Kosten auf weniger Köpfe umgelegt werden können), wohingegen sie im Zentrum sinken (weil dank der Zuwanderung die fixen Kosten auf mehr Köpfe umgelegt werden können). Als Folge öffnet sich die Kostenschere der Daseinsvorsorge durch die Land-Stadt-Wanderung zusätzlich. Die Zentren werden noch einmal attraktiver als die Peripherie.

Die Polarisierung in boomende Metropolregionen mit Zuwanderung und darbende Landstriche mit Abwanderung und Entvölkerung dürfte beschleunigt weitergehen. Es wird für eine sinkende Bevölkerungszahl pro Kopf teurer, Kindergärten, Grundschulen, Gymnasien, Kinos und Theater zu betreiben, die Gas-, Wasser- und Elektrizitätsversorgung oder die Müllabfuhr sicherzustellen und für ein schnelles Breitbandnetz zu sorgen. Ein qualitativ hochwertiges, dichtes Netz öffentlicher Infrastruktur wird sich in vielen Regionen kaum mehr finanzieren lassen.

Gegen die ökonomische Logik der Größenvorteile von Großstädten können eine regionale Strukturpolitik oder lokale Wirtschaftsfördermaßnahmen kaum etwas ausrichten. Das Gleichheitsversprechen des Grundgesetzes wird sich deshalb immer weniger einlösen lassen. Wenn der ländliche Raum bevölkerungsmäßig weiter ausdünnt, führt kein Weg daran vorbei, die Versorgungsfunktionen mit öffentlicher Infrastruktur auf die Zentren zu konzentrieren.[144]

Eine Konzentration der öffentlichen Infrastruktur in Ballungsräumen muss keinesfalls zwangsläufig die

Daseinsvorsorge im ländlichen Raum verschlechtern. Im Gegenteil: Qualität und Verfügbarkeit können sogar deutlich besser werden. Wenn nicht jedes Dorf seine eigene Feuerwehr betreibt, sondern in kommunalen Zweckverbänden die Mittel und Möglichkeiten zusammengelegt werden, um zentral alle Dörfer zu versorgen, lohnen sich eine Professionalisierung und die Anschaffung leistungsfähiger Brandbekämpfungssysteme, sodass die Bevölkerung effektiver gegen Feuergefahren geschützt werden kann.

Das Gesundheitswesen bietet anschauliche Beispiele dafür, wie eine Konzentration der Kräfte die Daseinsvorsorge flächendeckend verbessern könnte.[145] In Deutschland gibt es heutzutage zu viele medizinische Anbieter, »die sich an der Behandlung zu vieler Krankheitsbilder versuchen. Diese Situation ist gekennzeichnet durch breite, undifferenzierte Leistungsspektren mit unzureichendem Volumen und unzureichender Erfahrung bei den einzelnen Leistungen. Den deutschen Leistungserbringern mangelt es oft an der kritischen Zahl von Patienten je Krankheitsbild, die nötig wäre, um profunde Erfahrung, dezidierte Teams und maßgeschneiderte Einrichtungen aufzubauen und eine integrierte Versorgung anzubieten.«[146]

Wenn sich Gesundheitsleistungen auf die großstädtischen Zentren konzentrieren würden, entstünden für das Personal starke Anreize, sich zu spezialisieren. Als Folge der weit höheren Zahl möglicher Patienten wären die Fallzahlen für bestimmte Krankheiten oder Unfälle nicht selten, sondern häufig. Anstatt ein Mal pro Jahr müssten Ärzte und Ärztinnen jeden Tag hochkomplexe medizinische Operationen durchführen. Dadurch werden sie Erfahrungen und Erkenntnisse sammeln. Ebenso machen sich spezielle Fort- und Weiterbildungen und neue Verfahren dann erst recht bezahlt. Andererseits führen die steigenden Fallzahlen dazu, dass es sich lohnt, teure medizinische Apparaturen und Geräte anzuschaffen, weil sie dann tagtäglich benutzt werden, was wiederum zu Größenvorteilen und sinkenden Durchschnittskosten führt.

Für die in der Peripherie weit entlegen wohnende Bevölkerung ist es definitiv billiger und auch qualitativ besser, sie mit Hubschraubern rasch ins Krankenhaus der Kernstädte zu fliegen, wo sie von erfahrenen Spezialisten in modernsten Operationssälen behandelt werden, anstatt sie in einer schlecht(er) ausgerüsteten Regionalklinik medizinischem Personal zu überlassen, das erstmalig oder selten mit einer speziellen Komplikation konfrontiert wird. »Die Anbieter und ihre Leistungsspektren müssen konsolidiert werden, um Volumina zu konzentrieren, eine multidisziplinäre Versorgung zu ermöglichen, den Patientennutzen zu erhöhen und eine größere Effizienz zu erzielen. Die Patienten sollten ermutigt werden, längere Wege in Kauf zu nehmen, um bei den besten Anbietern der jeweiligen Region behandelt zu werden (exzellente Versorgung anstatt wohnortnahe Versorgung).«[147] Also lieber soll die Politik schnelle (Notfall-)Verbindungen schaffen, um Patienten rasch aus der Peripherie ins Zentrum zu bringen, anstatt Gesundheitsleistungen flächendeckend zum Patienten in periphere Räume bringen zu wollen.

Das Beispiel des Gesundheitswesens ließe sich auf das Bildungswesen und eine Reihe weiterer Bereiche der Daseinsvorsorge übertragen. Und immer wieder zeigt sich, dass es klüger wäre, eine letztlich fruchtlose Strategie der Angleichung von Lebensverhältnissen zugunsten von Strategien der Anbindung aufzugeben. In viclen dünn bcsiedelten Räumen würde das bedeuten, die Verkehrsanbindungen an die Ballungsräume zu verbessern. Anderswo müsste die öffentliche Grundversorgung in größeren Kernstädten konzentriert werden. Parallel dazu müssten Menschen aus peripheren Gegenden Chancen eröffnet und Wege geebnet werden, um – im buchstäblichen Sinne – wegzukommen. Es gilt, eine Mobilität in die Zentren statt die Immobilität der Sesshaftigkeit zu fördern.

Deutschland steht vor einer Polarisierung der Wirtschaftsentwicklung zwischen Zentren und Peripherie, die das grundgesetzlich verankerte Versprechen gleichwertiger oder gar einheitlicher Lebensbedingungen in Frage stellt. Manche Städte werden noch über viele Jahre wachsen. Andere werden schrumpfen.

Nach heutigen Prognosen, deren Eintreffen sehr wahrscheinlich, aber natürlich nicht unbedingt ist, dürften bis 2030 im Vergleich zu heute die Bevölkerungszahlen in der Metropolregion München um ein Viertel zunehmen, in Berlin-Potsdam um ein Siebtel, in den Metropolregionen Frankfurt und Hamburg ein Zehntel, während die Region Stuttgart ähnlich wie die Rheinschiene Düsseldorf–Köln–Bonn einen Bevölkerungszuwachs von rund 6 % verzeichnen dürfte.[148]

Selbst wenn – wofür es heute kaum bis keine Anzeichen gibt – die Flucht in die Stadt kein langlebiger Trend sein sollte, werden die ländlichen Gegenden noch längere Zeit von Abwanderung betroffen sein. In den peripheren ostdeutschen Regionen dürfte die Schrumpfung der Bevölkerungszahl am deutlichsten ausfallen. Nach aktuellen Prognosen werden der sachsen-anhaltinische Kreis Mansfeld/Südharz und der Elbe-Elster-Kreis in Brandenburg am stärksten betroffen sein, die bis 2030 jeweils 28 % der Bevölkerung einbüßen werden. Im thüringischen Greiz sind es 26 %. Im ostsächsischen Kreis Görlitz liegt der Rückgang bei über 24 %. Mit Ausnahme einiger Großstädte wie Dresden, Leipzig, Erfurt, Jena und Rostock werden bis 2030 alle Ost-Kreise Bevölkerung verlieren.[149]

Es wird ein langer Prozess von vielen Jahrzehnten sein, eine Ungleichheit der räumlichen Lebensbedingungen zu akzeptieren. Aber am Ende wird es politisch, ökonomisch und auch gesellschaftlich die klügste Entscheidung sein, diesen Prozess nicht künstlich korrigieren zu wollen. Denn der Zeitgeist treibt – weltweit – die Menschen vom Land (zurück) in die Städte.

Offenbar bieten im 21. Jahrhundert Städte Menschen bessere Chancen als der ländliche Raum, Lebensträume zu verwirklichen. Jüngere erhoffen sich attraktivere

Jobs. Und ältere Menschen schätzen die Urbanität, die einfache Erreichbarkeit, das kulturelle Angebot, die gute Versorgung mit Bildungs- und Gesundheitseinrichtungen und vieles mehr, was Städte haben und was dem dünn besiedelten Land fehlt. Nicht zufällig bewerten Ökonomen Städte als »größte Erfindung der Menschheit«, die uns alle »reicher, klüger, grüner, gesünder und damit glücklicher machen«.[150]

Das Hohelied auf die Großstadt des 21. Jahrhunderts ist Ausdruck eines vielstimmigen Chors. Dabei geht es nicht nur darum, dass große Städte ein »Melting Pot«, also ein Schmelztiegel für Menschen aus aller Welt sind, die verschiedene Sprachen sprechen und unterschiedliche Kulturen, Religionen, Vorstellungen und Verhaltensweisen einbringen. Vielmehr sind Städte gefordert, eine gemeinsame Klammer zu bilden für eine Gesellschaft, die immer stärker zerfasert, auseinanderdriftet und in einzelne Teile zerfällt.

Die größere Attraktivität der Stadt gegenüber dem Land ist die zwangsläufige Konsequenz der zunehmenden gesellschaftlichen Diversität. Diversität ist also viel mehr als nur die Vielfalt, die mit einer stärkeren Zuwanderung in eine wachsende Stadt einhergeht. Es geht nicht nur um Personen mit und ohne Migrationshintergrund, sondern auch um Menschen vom Land, die in der Stadt ihre nächsten Lebensjahre verbringen wollen, um Ältere, die im Zentrum und prallen Leben und nicht auf dem verödenden Land ihren Ruhestand genießen wollen, und um Familien, die in urbanen

Quartieren größere Chancen auf eine bessere Zukunft erwarten als in einer Peripherie, in der die Daseinsvorsorge ausdünnt, Kindergärten mangels Nachwuchs schließen, Ärzte das Weite suchen und Jobs zur Mangelware werden.

Großstädte sind auch das Spiegelbild der mit wachsender Vielfalt einhergehenden Ausfransung der Gesellschaft. Entsprechend der größeren Diversität der Bevölkerung muss auch das Angebot der Daseinsvorsorge vielfältiger werden. Es braucht neben Bildungsangeboten für Jugendliche Seniorenuniversitäten, neben Krankenhäusern Wellnesstempel, neben Begegnungsstätten für Familien Treffpunkte für Singles, neben Wohnraum für Patchwork-Gemeinschaften Wohnungen für Alleinerziehende, Wochenendfahrer und Einzelhaushalte, neben schnellen Verbindungen für den Individualverkehr ein intelligentes Mit- und Nebeneinander unterschiedlicher öffentlicher Mobilitätsangebote.

Ländliche Regionen können gar nicht so viele so unterschiedliche Angebote der Daseinsvorsorge anbieten. Dafür sind sie zu dünn besiedelt, und entsprechend zu hoch sind die (Durchschnitts-)Kosten einer Vollversorgung. Anders die Städte: Sie profitieren von Größenvorteilen und gewaltigen Netzwerkeffekten. Räumliche Nähe, wie Städte sie bieten, macht Menschen innovativer. Wissen kann geteilt werden, und die Teilung führt nicht dazu, dass der Nutzen für den Einzelnen weniger wird, sondern mehr. Ebenso sinken die Kosten pro Kopf, um die städtische Ökonomie mit Infrastruktur wie

Wasserversorgung oder Transportwegen zu versehen. Trotz aller negativer Effekte wie Verdichtung, Stau oder Lärm war, ist und bleibt die ökonomische Effizienz von Städten gegenüber dem ländlichen Raum überwältigend.

Deshalb gilt es, die Verstädterung zu fördern und nicht eine räumliche Wirtschaftsstruktur erhalten zu wollen, die nicht mehr den Erwartungen weiter Bevölkerungsteile entspricht. Wenn immer weniger Menschen auf dem Land leben wollen, kann das die Politik nicht ändern. Deshalb sollte die Politik aufhören, die Randregionen zu fördern, indem sie mit hohen Subventionen Industrieansiedlungen in die Peripherie locken will. Eher hat die Politik die Aufgabe, Menschen den Umzug vom Land in die Stadt zu erleichtern.[151] Es ist ökonomisch klüger, die Hilfen zielorientiert an die Menschen zu richten, deren räumliche Beweglichkeit begrenzt ist, anstatt indirekt Regionen fördern zu wollen. »Denn unter dem Bevölkerungsschwund leiden nicht Regionen als solche, sondern allenfalls diejenigen Bevölkerungsgruppen, die wegen Alters oder mangelnder beruflicher Qualifikationen in ihrer Mobilität stark eingeschränkt sind.«[152]

Der demografische Wandel bietet die Chance zu einer Abkehr von der Illusion der »Einheitlichkeit der Lebensverhältnisse« in der bundesweiten Fläche. Wieso müssen und sollen überall im gesamten Bundesgebiet Menschen wohnen und leben? Wieso fördern wir nicht die Wanderung in die Kerne und akzeptieren, dass periphere Räume wenig bis unbesiedelt bleiben? »Wildnis statt Wirtschaftsförderung«[153]: Das Schrumpfen der Bevölkerung in ländlichen Regionen könnte zum Rückzug des Menschen aus der Fläche und zu einer Rückkehr des Wolfs in naturbelassene Räume führen. Darüber sollten wir uns freuen und nicht grämen!

TEIL III

Der Untergang ist abgesagt

Wider die Mythen des demografischen Wandels

Ein Gespenst geht um in Deutschland. Es ist das Gespenst einer schrumpfenden, alternden Gesellschaft, die bunter wird und vom Land in die Stadt flieht. Zuerst sorge es dafür, dass »die Schlauen aussterben«, später dann führe es dazu, dass »sich Deutschland abschafft«[154]: Am Ende drohe der Untergang.

Das pessimistische Untergangsszenario soll und darf nicht unwidersprochen bleiben. Denn es basiert auf einer einseitigen, negativen Bewertung des demografischen Wandels. Viele Entwicklungen der Bevölkerungsgröße und ihrer Struktur oder Zusammensetzung lassen sich auch anders interpretieren: positiver und optimistischer. Um abzuwägen, welche der Sichtweisen plausibler ist, kann es helfen, Vorurteile, Halbwahrheiten und Scheinlösungen als Mythen zu entlarven:

Mythos 1: Der demografische Wandel ist unumkehrbar

- Nahezu einhellig herrscht die Überzeugung vor, Deutschland stehe vor einem dramatischen demografischen Wandel mit einer schrumpfenden und alternden Bevölkerung. Die aktuelle Flüchtlingszuwanderung führt vor Augen, wie rasch für Wahrheit gehaltene Projektionen Makulatur werden können. Noch über längere Zeit wird hierzulande die Bevölkerungszahl eher wachsen als schrumpfen, und der Bevölkerungsrückgang wird, wenn überhaupt, erst in ferner Zukunft eher langsam als rasch verlaufen.

- Bevölkerungsprognosen überschätzen die »Trägheit« demografischer Faktoren und unterschätzen die Möglichkeit von Verhaltensänderungen. Es wird auch in Zukunft momentan (noch) nicht erkennbare »Überraschungen und Ungewissheiten« geben, die den demografischen Wandel mehr oder weniger stark beeinflussen und in eine andere als heute erwartete Richtung lenken werden.

Mythos 2: Schrumpfung bedroht Deutschlands Wohlstand

- Immer wieder waren Gesellschaften in Sorge, dass schrumpfende Bevölkerungszahlen zu einem ökonomischen Niedergang führen würden. Solange die Weltbevölkerungszahl insgesamt größer und nicht kleiner wird – und das wird noch für sehr lange Zeit der Fall sein –, erfüllen sich die pessimistischen Erwartungen in der Realität nicht. Im Gegenteil, heutzutage leben mehr Menschen länger, gesünder und materiell besser als jemals zuvor. Das gilt auch für Deutschland.

- Selbst wenn die Bevölkerungszahl Deutschlands eines fernen Tages tatsächlich fallen sollte, wird das nicht zwangsläufig und unabwendbar unlösbare Herausforderungen verursachen. Es gibt gute Chancen, dass sich die Qualität der Lebensbedingungen in Deutschland weiter verbessert und nicht verschlechtert. Eine zahlenmäßig kleiner werdende Bevölkerung kann zu ökonomisch immer wohlhabenderen Menschen führen. Denn pro Kopf wird für alle mehr von allem verfügbar sein: mehr Platz und weniger Stau, kleinere Schulklassen und größere Zeitbudgets für weniger Einzelfälle. Das sind für kommende Generationen – selbst wenn die Bevölkerungszahl schrumpfen sollte – keine trüben, sondern gute Aussichten.

Mythos 3: Alterung bedroht Deutschlands Wohlstand

- Die demografische Alterung kommt. Zuwanderung wird sie nicht verhindern, sondern höchstens bremsen können. Aber die Alten von morgen werden fast eine Generation länger jung bleiben als ihre Eltern. Sie werden somit weder länger pflegebedürftig noch stärker bettlägerig sein und auch keine höheren Alterskosten verursachen als ihre Vorfahren. Deutschland braucht nicht mehr, aber andere Alters- und Pflegeeinrichtungen.

■ Anstatt über die Alterung der Bevölkerung zu klagen, muss das Potenzial der alternden Gesellschaft besser genutzt werden. Es gilt, die Voraussetzungen zu schaffen, damit Ältere mit Motivation und Spaß ihr Wissen und ihre Lebenserfahrung so lange wie irgendwie möglich ins Berufsleben einbringen, und zwar in der Form, wie sie das wollen und können.

Mythos 4: Deutschland braucht mehr Zuwanderung

■ Die ökonomischen Wirkungen der Zuwanderung sollten von beiden Seiten – weder von den Befürwortern im Guten noch von den Kritikern im Schlechten – nicht überschätzt werden. Die Netto-Effekte sind für Deutschland insgesamt weit bescheidener, als es die aufgeregte aktuelle Debatte glauben lässt.

■ Arbeitsmigration kann höchstens flankierend helfen, große Herausforderungen der Zukunft einfacher zu bewältigen. Sie kann aber nicht als grundsätzliche Problemlösung wirken, die einen Verzicht auf viel spezifischere grundsätzliche Strukturreformen erlauben würde.

Mythos 5: Zuwanderung lässt sich steuern

- Die gegenwärtigen Flüchtlingswellen zerstören mit Wucht die Illusion, dass Migration zu steuern sei. Zwar werden in Europa, um politischen Aktionismus zu demonstrieren, mancherorts Grenzzäune erhöht und Stacheldrähte ausgerollt. Gegen die Ursachen einer Massenwanderung – Flucht, Vertreibung und Hoffnungslosigkeit – vermögen Abwehrmaßnahmen jedoch wenig bis nichts auszurichten.

- Die tatsächliche Steuerbarkeit der Zuwanderung nach Deutschland ist bestenfalls auf die Arbeitsmigration beschränkt – nämlich die Möglichkeit, das ökonomisch motivierte Kommen und Bleiben von Menschen aus Staaten zu regeln und zu beschränken, die nicht dem europäischen Wirtschaftsraum angehören. Die beiden anderen großen Migrationsbewegungen, der Familiennachzug und die Flüchtlingswellen, entziehen sich in weiten Teilen der einseitigen (nationalen) Steuerung der Aufnahmegesellschaft. Internationale Vereinbarungen und moralische Verpflichtungen lassen hier kaum nationale Spielräume offen.

Mythos 6: Deutschland schafft sich ab

■ Neben den Menschen mit Migrationshintergrund
werden andere sozioökonomische Kriterien – wie
Alterung, Gesundheit, Bildung und Qualifikation,
Selbstständigkeit und Pflegebedürftigkeit – zu einer zunehmenden Heterogenität der Gesellschaft
führen. Deswegen wird es immer schwieriger werden, einen Konsens herzustellen, was »das Deutsche
in Deutschland« ist.

■ Die zunehmende Vielfalt wird nicht zu einem Untergang Deutschlands führen. Aber sie wird – anders als in der Vergangenheit – eine neue Definition
erforderlich machen, was Bevölkerung und Gesellschaft in Deutschland zusammenhält. Menschen
mit Migrationshintergrund werden in jeder Beziehung – politisch, gesellschaftlich und wirtschaftlich – mitbestimmen wollen, was »deutsch« ist und
was »Deutschland« ausmacht. Für Personen mit
und ohne Migrationshintergrund, Alte und Junge,
Gesunde und Gebrechliche, Gebildete und Unqualifizierte, Familien mit und ohne Kinder, Stadt- und
Landbevölkerung wird der größte gemeinsame
Nenner immer kleiner werden.

Mythos 7: Deutschland droht ein Fachkräftemangel

- Unisono wird in Deutschland aus den Prognosen eines starken Rückgangs der Menschen im Erwerbsalter ein steil ansteigender Fachkräftemangel abgeleitet. Alle diese Behauptungen sind alleine deshalb schon falsch, weil sie offenbar einen arbeitssparenden Produktivitätsfortschritt schlicht negieren oder unterschätzen. Schon eine einfache Überschlagsrechnung zeigt, dass bereits ein moderater technologischer Fortschritt allen Schreckensszenarien fehlender Fachkräfte jegliche Grundlage raubt. Zwischen 2013 und 2060 genügt eine arbeitssparende Effizienzsteigerung von jährlich 0,8 % bei schwacher bzw. 0,5 % bei starker Zuwanderung, und der Fachkräftemangel löst sich in Luft auf. Zur Erinnerung: Der langjährige Durchschnitt der Vergangenheit hat deutlich höher gelegen.

- Der Fachkräftemangel ist ein Führungsmangel. Es ist ein Armutszeugnis der besonderen Art, wenn angesichts von Millionen arbeitswilliger und erwerbsfähiger, gut qualifizierter Frauen, Älterer und Menschen mit Migrationshintergrund über einen Fachkräftemangel geklagt wird, anstatt innerbetrieblich jene Voraussetzungen zu schaffen, die rasch und nachhaltig eine vollwertige Integration der ungenutzten Kompetenzpotenziale in den Arbeitsmarkt ermöglichen würden.

Mythos 8: Deutschland ist für Talente nicht attraktiv

- In den letzten zehn Jahren und spätestens seit der Finanzmarktkrise hat sich gezeigt, wie sehr die These der mangelnden Attraktivität Deutschlands für Fachkräfte zur Mär wurde. Längst hat sich Deutschland vom Auswanderungs- wieder zum Einwanderungsland gewandelt. Nun streben erneut vermehrt Talente aus aller Welt in das politisch stabile, ökonomisch prosperierende Deutschland.
- Nicht nur die Zuwanderung darf in der Diskussion eine Rolle spielen. Die Verringerung der dauerhaften Abwanderung ist genauso entscheidend. Talenten aus der Fremde soll das Kommen und das Bleiben ermöglicht und erleichtert werden. Desgleichen aber gilt es, einheimische Talente – vor allem, wenn sie einen Migrationshintergrund haben – im Land zu halten und ihren dauerhaften Weggang zu verhindern.

Mythos 9: Mehr Vielfalt ist besser

- Mehr Vielfalt ist nicht immer besser. Etwas Heterogenität ist positiv, weil dadurch Kreativität und Innovationskraft und als Folge davon Produktivität und Wachstumsdynamik zunehmen. Zu viel Heterogenität ist negativ, weil dadurch die Transaktionskosten der Kommunikation, Verständigung und des Informationsaustausches steigen, die Verhaltenssicherheit sinkt und das soziale Zusammengehörigkeitsgefühl schwächer wird.

- Somit gilt es abzuwägen und ein Optimum zu finden zwischen den positiven ökonomischen Auswirkungen der Diversität – hauptsächlich in Form der dynamischen Innovationskraft der Ideen- und Wissensvielfalt – auf der einen Seite und den negativen Folgen der Diversität in Form steigender Koordinations-, Organisations- und Kommunikationskosten sowie schwindenden Sozialkapitals auf der anderen Seite.

Mythos 10: Die Gleichwertigkeit der Lebensverhältnisse ist unantastbar

- Gegen die ökonomische Logik der Größenvorteile von Großstädten können eine regionale Strukturpolitik oder lokale Wirtschaftsfördermaßnahmen zugunsten des ländlichen Raums kaum etwas ausrichten. Das Gleichheitsversprechen des Grundgesetzes wird sich deshalb immer weniger einlösen lassen. Wenn der ländliche Raum bevölkerungsmäßig weiter ausdünnt, führt kein Weg daran vorbei, die Versorgungsfunktionen mit öffentlicher Infrastruktur auf die Zentren zu konzentrieren.
- Eine Konzentration der öffentlichen Infrastruktur in Ballungsräumen muss keinesfalls zwangsläufig die

Daseinsvorsorge im ländlichen Raum verschlechtern. Es ist gerade anders als befürchtet: Dank Zentralisierung können Qualität und Verfügbarkeit der Daseinsvorsorge sogar deutlich besser werden – auch für die Bevölkerung des ländlichen Raums.

Mythen zu zerstören ermöglicht es, Vorurteile zu hinterfragen und Halbwahrheiten zu relativieren. Als Folge zeigen sich Chancen, ein- oder gar festgefahrene Verhaltensweisen zu korrigieren. Beispielsweise die veraltete Arbeitsteilung innerhalb der Familie mit dem Vater als Alleinernährer und der Mutter als Hausfrau und Alleinerzieherin der Kinder. Oder die Mär, dass nur junge Arbeitskräfte leistungsfähige Arbeitskräfte seien und Ältere möglichst rasch in Rente geschickt werden wollen und sollen. Oder die Vorstellung, dass Menschen mit Migrationshintergrund – selbst wenn sie in Deutschland geboren und immer nur hierzulande gelebt haben – weniger leistungsfähig seien als Arbeitskräfte mit deutschen Eltern.

Genauso gilt es, längst überholte Denkmuster der heutigen Realität anzupassen. Beispielsweise, dass Alter notwendigerweise auch Gebrechlichkeit, Hilfsbedürftigkeit und Immobilität zur Folge habe. Das Altersbild in den Köpfen muss modernisiert werden. »Alt sein« ist eine soziale Konstruktion.[155] Sie unterliegt dem menschengemachten Zeitgeist und ist nicht gottgegeben in Stein gemeißelt.

Die Zukunft der Arbeitswelt wird wenig mit der

Vergangenheit zu tun haben.[156] Die digitale Revolution wird das 21. Jahrhundert so prägen wie die industrielle Revolution den Übergang von der Agrar- zur Industriegesellschaft. Sie wird auch gewichtige Rückwirkungen auf den demografischen Wandel und seine Folgen haben.

Mit Kohlen betriebene Dampfmaschinen waren die Antriebskräfte der Industrialisierung. Mit Menschen gekoppelte und untereinander verbundene intelligente Maschinen und Roboter sind das Herz des Zeitalters der Digitalisierung. Sie werden zunehmend Hände ersetzen und damit die Nachfrage für standardisierte, arbeitsintensive Tätigkeiten verringern. Selbst fahrende und ferngesteuerte Automaten werden eigenständig und ohne menschliche Hilfe in Produktion, Be- und Vertrieb oder Wartung, aber auch bei der Mobilität und im Verkehr oder bei der Pflege komplexe Arbeitsvorgänge bis hin zu Diagnose und Therapie übernehmen.

Die digitale Revolution wird im »Internet der Dinge« nicht nur Maschinen, sondern auch Menschen und deren Wissen und Können mit Robotern und deren künstlicher Intelligenz zu völlig neuen Wertschöpfungsketten verschmelzen. Der 3-D-Drucker wird mondäne Luxusvillen oder maßgeschneiderte Anzüge ausspucken. Er wird auch exquisite Diätmenüs zubereiten, die in jeder Beziehung Erwartungen, Geschmack und Zusammensetzung der aktuellen Stimmung und Gesundheit der Genießer gerecht werden. Er wird an vielen Stellen den Menschen ersetzen.

In dieser neuen Welt des digitalen Zeitalters sind der demografische Wandel und seine Herausforderungen eingebettet. Dabei zeigt sich, dass die Folgen von Schrumpfung, Alterung und Vielfalt gerade durch und dank neuer Technologien – insbesondere der Digitalisierung – gemeistert werden können. Mehr noch und gerade andersherum: Der arbeitssparende Produktivitätsfortschritt der Digitalisierung wird dazu führen, dass für viele ökonomische Prozesse weit weniger Arbeitskräfte benötigt werden, als es heutzutage der Fall ist. Die Digitalisierung wird viele Jobs überflüssig machen. Und genau deswegen ist der Rückgang der Erwerbsbevölkerung ein Segen und kein Fluch. Er entbindet auf einfache Weise Wirtschaft, Politik und Gesellschaft davon, für die Masse der durch die Digitalisierung freigesetzten Beschäftigten neue Arbeitsplätze suchen und finden zu müssen.

Es ist an der Zeit, demografische Mythen als wenig stichhaltige Vorurteile zu entlarven. Denn vielfach gilt: Das Problem ist nicht der demografische Wandel. Die Angst vor dem demografischen Wandel ist das Problem. Angst lähmt Menschen und lässt sie reflexartig an gesellschaftlichen und wirtschaftlichen Strukturen sich festklammern, die in der Tat nicht zukunftstauglich sind.

Der demografische Wandel wird Deutschland nicht in seiner Existenz bedrohen. Er führt nicht in den Untergang. Er wird viele Herausforderungen mit sich bringen. Aber er wird auch Chancen für Veränderungen schaffen, die sich positiv auf die Lebensqualität der Menschen auswirken werden.

Deutschland ist besser für die Zukunft gerüstet, als von vielen Pessimisten befürchtet. Das gilt nicht nur für die politische Stabilität und die wirtschaftliche Prosperität, sondern auch für den demografischen Wandel. Ersetzt man Mythen durch nüchterne Analysen, lassen sich zielgerichtete bevölkerungspolitische Maßnahmen ableiten. Werden diese tatkräftig und rechtzeitig umgesetzt, wird es erst recht keinen Untergang geben. Ganz im Gegenteil. Dann haben Deutschland und seine Bevölkerung die besten Jahre nicht hinter, sondern vor sich.

Anmerkungen

1 Zeit-Online (2015).
2 Spiegel-Online (2015a).
3 ZDF heute-Online (2015).
4 Sarrazin (2010). Eine kritische Analyse und Entgegnung liefern Heinz / Kluge (2012).
5 So der Titel eines Interviews mit Herwig Birg im Focus (2010).
6 Schirrmacher (2004).
7 So lautete bereits vor mehr als 20 Jahren die Frage von Mohl (1993).
8 Statistisches Bundesamt (2015a).
9 Andere Bevölkerungsprognosen bewerten die Annahme einer starken Zuwanderung nach Deutschland sogar noch als zu übertrieben optimistisch. So warnt Deschermeier (2015) vor einem zu rosigen Bild der Bevölkerungsentwicklung. Auf der Grundlage eines stochastischen Simulationsmodells, das die Wahrscheinlichkeit für das Eintreten bestimmter Annahmen berücksichtigt, was zu deutlich geringeren Zuwanderungsüberschüssen führt, schrumpft die Bevölkerungszahl bis 2030 nach seinen Schätzungen um rund anderthalb Millionen stärker als bei den Prognosen des Statistischen Bundesamtes (das ein deterministisches Prognosemodell benutzt). So würden hierzulande 2030 lediglich noch 79 Millionen Menschen im optimistischen Fall (mit starker Zuwanderung) oder gar nur noch 78 Millionen im pessimistischen Fall (mit schwacher Zuwanderung) leben.

10 Bundesamt für Migration und Flüchtlinge (2015a) sowie OECD (2015).

11 Statistisches Bundesamt (2015b).

12 Bundesamt für Migration und Flüchtlinge (2015b), S. 141.

13 Statistisches Bundesamt (2015c).

14 Statistisches Bundesamt (2015d).

15 Statistisches Bundesamt (2015d).

16 Vgl. hierzu insbesondere die Forschungsaktivitäten und Publikationen zum Thema Familie und Fertilität des Bundesinstituts für Bevölkerungsforschung (BiB) (2015).

17 Schneider (2015).

18 Vgl. dazu Boll (2010); sowie Boll/Leppin (2015).

19 Vgl. dazu verschiedene Studien des Bundesinstituts für Bevölkerungsforschung (BiB) (2013) im Rahmen des Forschungsprojekts »Familienleitbilder in Deutschland«. Die wichtigsten Ergebnisse sind zusammengefasst publiziert in: Schneider/Diabaté/Ruckdeschel (2015).

20 Bundesinstitut für Bevölkerungsforschung (BiB) (2012).

21 Diabaté/Junck/Thiel (2015), S. 9.

22 Vgl. Diabaté (2015).

23 Statistisches Bundesamt (2015e). Bemerkenswert ist allerdings, dass der Trend eher in Richtung weniger als mehr Scheidungen geht. So lag die Wahrscheinlichkeit, dass eine Ehe geschieden wird (berechnet auf der Grundlage ehedauerspezifischer Scheidungsziffern) Anfang der 2000er Jahre noch bei weit über 40 % bei steigender Tendenz. 2014 waren es nur noch 35 %, und der Trend ist weiter fallend mit einem Rückgang 2014 von 2,1 % gegenüber dem Vorjahr.

24 Statistisches Bundesamt (2015f).

25 Mayer (2014).

26 Zahlen siehe Statistisches Bundesamt (2015g).

27 Das Medianalter teilt die Bevölkerung genau in zwei gleich große Teile, sodass die eine Hälfte jünger und die andere Hälfte älter als das Medianalter ist.

28 Vgl. hierzu Statistisches Bundesamt (2015h).

29 »Viele Mechanismen werden diskutiert, die Zellen altern lassen, darunter reaktive Sauerstoffmoleküle und Abfallprodukte des Zellstoffwechsels, die sich in den Körperzellen ansammeln. Bekannt ist auch, dass die individuellen Gene

mit darüber entscheiden, ob ein Mensch sehr alt werden kann oder nicht. Der Alterungsprozess unserer Körperzellen, der sich unter anderem an molekularen Strukturen im Zellkern festmachen lässt, läuft bei unterschiedlichen Menschen unterschiedlich schnell ab. Aus Zellmodellen sind zumindest bei Tieren Gene bekannt, die die zelluläre Alterung verlangsamen können.« Vgl. dazu Bundesministerium für Bildung und Forschung (BMBF) (2015).

30 Der Altenquotient bildet das Verhältnis der Personen, die älter als ein bestimmtes Alter sind (hier 65-jährig), zu 100 Personen, die jünger als das bestimmte Alter (hier 65-jährig), aber älter als 20-jährig sind. In der Regel stellt er die Personen im Rentenalter pro 100 Personen im erwerbsfähigen Alter dar.

31 Statistisches Bundesamt/Bundeszentrale für politische Bildung (2004), S. 40.

32 Alle Daten dieses Abschnitts stammen aus Statistisches Bundesamt/Bundeszentrale für politische Bildung (2013), insbesondere Kapitel 2 (Familie, Lebensformen und Kinder).

33 Der Spiegel (2006).

34 »Der millionste Gastarbeiter, das Moped und die bundesdeutsche Einwanderungsgesellschaft« (Hackenberg 2004).

35 Bundesamt für Migration und Flüchtlinge (2015b).

36 Bundesministerium des Innern (2015): Mehr Asylanträge in Deutschland als jemals zuvor. Pressemitteilung vom 06.01.2015 (http://www.bmi.bund.de/SharedDocs/ Pressemitteilungen/DE/2016/01/asylantraege-dezember-2015. html; (zuletzt abgerufen am 06.01.2015).

37 Zu den Personen mit Migrationshintergrund werden alle nach 1955 Zugewanderten sowie all jene gezählt, die mindestens ein Elternteil haben, das nach 1955 in Deutschland eingewandert ist.

38 Bundesamt für Migration und Flüchtlinge (2015b), S. 144, Tabelle 7-1.

39 Bundesamt für Migration und Flüchtlinge (2015c).

40 Röhl (2013).

41 Geppert/Gornig (2010), Tabelle 1, S. 5.

42 Tatje (2014) sowie Stutzer/Frey (2008).

43 Geppert/Gornig (2010), Tabelle 1, S. 3.

44 Bundesinstitut für Bau-, Stadt- und Raumforschung (BBSR) (2015).

45 Bertelsmann Stiftung (2015).

46 Röhl (2013), S. 7, Tabelle 1.

47 Bundesinstitut für Bau-, Stadt- und Raumforschung (BBSR) (2015).

48 Bundesinstitut für Bau-, Stadt- und Raumforschung (BBSR) (2012), S. 8.

49 In der Nachkriegszeit, gekennzeichnet durch rasches Bevölkerungs- und Wirtschaftswachstum, war das Problem einer schrumpfenden und alternden Bevölkerung wenig aktuell und fand deshalb kaum Interesse. Seit der St. Galler Dissertation von Kaufmann (1960) und als danach ab Mitte der 1960er Jahre die Geburtenzahlen in West- und Südeuropa zurückgingen, gehört der demografische Wandel zum festen Bestandteil der wirtschaftspolitischen Herausforderungen.

50 Vgl. dazu die von Schwägerl (2015) angeführten Beispiele.

51 Spengler (1918).

52 »Sterben die Schweizer aus?«, fragte die Kommission Bevölkerungspolitik (1985).

53 Fischer (1990), S. 44.

54 Spengler (1938).

55 Fischer (1990), S. 47.

56 Der Spiegel (1975).

57 Statistisches Bundesamt (2015i).

58 Enquete-Kommission (1994), S. 86–98.

59 Statistisches Bundesamt (1993), Birg/Flöthmann (1993), DIW (1993).

60 Statistisches Bundesamt (2015j).

61 Vgl. hierzu Bohk (2012). Sie zeigt auch (vgl. S. 22), dass die Genauigkeit von Bevölkerungsprognosen (nationaler Statistikämter in Europa in den letzten 60 Jahren) »weder durch die bessere Datenqualität noch durch die bislang verbesserte Methodik wesentlich gesteigert werden konnte«.

62 Statistisches Bundesamt (2015n).

63 Leicht abgeänderte Zusammenfassung von Pflaumer (1988), S. 115, der die Qualität von Bevölkerungsprognosen unter-

suchte und zu einem insgesamt ernüchternden Ergebnis kommt.

64 Bevölkerungsprojektionen sind die am häufigsten verwendete Methode, um Bevölkerungsentwicklungen vorauszuberechnen. Sie verfolgen nicht die Absicht, die Zukunft möglichst genau vorauszusagen. Vielmehr wollen sie lediglich verschiedene mögliche Zustände durchrechnen und vergleichbar machen. Dabei werden meistens eine Ober- und eine Untergrenze einer möglichen Entwicklung dargestellt. Implizit wird unterstellt, dass die Realität irgendwo dazwischenliegen werde. Genau genommen sind Projektionen Modellrechnungen, die nie wirklich falsch sein können (sondern nur die getroffenen Annahmen können »falsch«, d. h. unrealistisch sein), selbst wenn die Abschätzungen weit neben der Wirklichkeit liegen sollten. Bevölkerungsprognosen hingegen haben den Ehrgeiz, mit maximaler Wahrscheinlichkeit und minimaler Abweichung relativ präzise die Zukunft abzubilden. Hier sagt der Realitätstest entsprechend viel über die Prognosequalität aus. Vgl. hierzu Pflaumer (1998), S. 8 und Bohk (2012), S. 61–62 (Projections and Forecasts).

65 Birg (2005), S. 96.

66 Und es sind genau diese Schocks, die – da nicht vorhersehbar – der Qualität von langfristigen Bevölkerungsprognosen (oder -projektionen) schaden – so auch Pflaumer (1998), S. 115: »Demographen waren mit ihren Bevölkerungsvorausschätzungen in den Jahren erfolgreich, in denen nach Erstellung der Prognose keine besonderen Veränderungen bei der Fertilität oder bei den Wanderungen eintrafen. Demographen lagen mit ihren Prognosen falsch, wenn diese Veränderungen stattgefunden haben.«

67 So auch das Ergebnis von Bretz (2001), der die Treffsicherheit von Bevölkerungsvorausberechnungen des Statistischen Bundesamtes untersucht hat und zum Ergebnis kommt, »dass insbesondere Trendwenden, wie zum Beispiel der drastische Geburtrückgang seit Mitte der 1960er Jahre, und die aus verschiedenen Anlässen erfolgten Zuwanderungsschübe nicht bzw. nicht in vollem Ausmaß vorhersehbar waren und es daher zu entsprechenden Fehleinschätzungen kam. Auch der stetige Anstieg der

Lebenserwartung wurde häufig nicht in seinem tatsächlichen Ausmaß in den Annahmen berücksichtigt.« (S. 906)

68 Fischer (1990), S. 47 und S. 49.

69 Schwägerl (2015).

70 »Während des Abstimmungskampfes um die Masseneinwanderungsinitiative der SVP verging keine Debatte, ohne dass dieses Schlagwort (TS: gemeint ist der »Dichte-Stress«) fiel. Ob Gegner oder Befürworter des Volksbegehrens, der Befund war immer derselbe: In den S-Bahnen herrscht Dichte-Stress. Auf den Autobahnen herrscht Dichte-Stress. In den Wohnüberbauungen herrscht Dichte-Stress. In der ganzen Schweiz herrscht Dichte-Stress.« (Daum 2014)

71 Keynes (1937).

72 Summers (2014). Zur Diskussion über die Stagnationsthese und insbesondere die Frage, ob auch der Realzins in einer Volkswirtschaft durch demografische (Alterungs-)Prozesse bestimmt werde, siehe auch Sachverständigenrat (2015), S. 147–152.

73 Nach Schätzungen der UN Population Division (2015) wird ein Anstieg der Weltbevölkerung von heute 7,3 Milliarden auf 8,5 Milliarden 2030 und auf 9,7 Milliarden 2050 erwartet.

74 Der Ökonomie-Nobelpreisträger des Jahres 1992, Gary Becker, hat das Thema von »Quantität« und »Qualität« bei demografischen Prozessen in die ökonomische Analyse eingebracht (vgl. dazu Doepke 2014).

75 Der Spiegel (2004).

76 ZDF (2015).

77 Zu den Zahlen dieses Abschnitts vgl. Statistisches Bundesamt (2015a), S. 20 (Tabelle 2).

78 Zu den Zahlen dieses Abschnitts vgl. Statistisches Bundesamt (2015h).

79 Vgl. Statistisches Bundesamt (2015a), S. 36 (Übersicht 4).

80 European Commission (2015), S. 310–311.

81 Vgl. Statistisches Bundesamt (2015k).

82 Sachverständigenrat (2014), Jahresgutachten 2014/2015.

83 Sachverständigenrat (2014), Jahresgutachten 2014/2015.

84 Dass es auch anders gehen könnte, versucht eine neue Partei in Baden-Baden zu zeigen. Sie wird großenteils von

Rentnerinnen und Rentnern getragen, vertritt aber nicht die Interessen der Alten, sondern der Jungen. Sie engagieren sich »aus Sorge um die Zukunft ihrer Kinder« (vgl. Soldt 2015). Ob aus diesem Anfang eine Massenbewegung werden wird, bleibt vorerst jedoch noch abzuwarten.

85 Bundesministerium für Arbeit und Soziales (2009).

86 So die stellvertretende Bundesvorsitzende der CDU, Julia Klöckner (2014), in einem Blog-Beitrag der *Huffington Post*.

87 Kindleberger (1986), S. 4. Übersetzung durch TS. Das Originalzitat lautet (ergänzt um den folgenden Satz, der sich auf eine ähnliche Überlegung von Adam Smith bezieht): »An accident that kills someone in one's town or a neighboring community is likely to be more moving than a catastrophe at the other end of the world in which hundreds or thousands die. Adam Smith goes further, comparing the loss of a little finger with a catastrophe that swallowed up China: if he lost his little finger he could not sleep, but for China he can snore … provided he has never seen them.«

88 Vgl. hierzu die verschiedenen Einzelbeiträge im Zeitgespräch des Wirtschaftsdienstes (Gathmann et al. 2014) sowie Hinte/ Rinne/Zimmermann (2012).

89 Brücker und Jahn (2010) bestätigen empirisch mit Hilfe eines neuen Ansatzes, der es erlaubt, die Lohn- und Beschäftigungswirkungen der Zuwanderung simultan zu schätzen, dass in Deutschland einheimische Arbeitskräfte durch Zuwanderung langfristig gewinnen.

90 Vgl. Brücker und Jahn (2010).

91 Olson (1968).

92 Vgl. dazu: Bonin (2014 und 2015) sowie kritisch dazu: Sinn (2015a und 2015b).

93 Sachverständigenrat für Migration und Integration (2015), S. 17.

94 Frisch (1965).

95 Robert Mundell (1957) hat als Erster auf diesen Zusammenhang hingewiesen. Er hat – auch dafür – 1999 den Ökonomie-Nobelpreis erhalten.

96 Vgl. dazu: von Petersdorff (2015). Ebenso zu beachten sind die kritischen Anmerkungen im Jahresgutachten 2013 des Sachverständigenrats für Migration und Integration (2013).

97 Statistisches Bundesamt (2015m). Demgemäß sind 2014 1 465 000 Personen nach Deutschland zugezogen. Aus der Bilanzierung der Zu- und Fortzüge ergibt sich für 2014 ein Wanderungsüberschuss von 550 000 Personen – dies ist der höchste Wert seit 1992.

98 Bundesamt für Migration und Flüchtlinge (2015b), S. 167–168.

99 Sarrazin (2010), S. 393 bzw. 392.

100 Vgl. dazu: Geißler (2010).

101 Vgl. Statistisches Bundesamt/Wissenschaftszentrum Berlin für Sozialforschung (2013), S. 43–68.

102 Unabhängige Kommission »Zuwanderung« (2001).

103 Schnitzlein (2013).

104 Rifkin (2004).

105 Heuer (2005).

106 »Deutschlands 15-Millionen-Lücke«. Die Welt (2015) sowie Boston Consulting Group (2015).

107 Vgl. dazu: Robert Bosch Stiftung (2013). Die Studie beschreibt ausführlich, welche Potenziale wie mobilisiert werden könnten und was von wem hierfür getan werden müsste.

108 Vgl. Frey/Osborne (2013) und eine Kurzfassung davon bei Pennekamp (2014). Für Deutschland kommen Dengler/Matthes (2015) zu ähnlichen Ergebnissen. Demgemäß arbeiten etwa 15 % der sozialversicherungspflichtig Beschäftigten 2013 in einem Beruf, in dem mehr als 70 % der Tätigkeiten bereits heute von Computern erledigt werden könnten.

109 Sachverständigenrat (2015), S. 287. Er nennt in Kapitel 7 auch wirtschaftspolitische Maßnahmen, die ergriffen werden könnten und sollten, um die Steigerung der Arbeitsproduktivität zu beschleunigen. Die Deutsche Bundesbank (2012), S. 13, kommt zu dem Schluss, dass »das gegenwärtige Wachstum des Produktionspotenzials in Höhe von rund 1¼ % pro Jahr bis 2020 im Wesentlichen gehalten werden« kann. Eine Annahme, die sie 2015 bestätigt sieht (vgl. Deutsche Bundesbank 2015).

110 Vgl. dazu: Robert Bosch Stiftung (2013).

111 Statistisches Bundesamt (2014b). Nach der Definition des Mikrozensus gelten als Erwerbspersonen die Erwerbstätigen plus die Erwerbslosen. Erwerbstätige sind »Personen im

Alter von 15 Jahren und mehr, die im Berichtszeitraum wenigstens 1 Stunde gegen Entgelt irgendeiner beruflichen Tätigkeit nachgehen bzw. in einem Arbeitsverhältnis stehen (einschl. Soldaten und Soldatinnen sowie mithelfender Familienangehöriger), selbstständig ein Gewerbe oder eine Landwirtschaft betreiben oder einen Freien Beruf ausüben. … Nach diesem Konzept gelten auch alle Personen mit einer ›geringfügigen Beschäftigung‹ als erwerbstätig.« Erwerbslose sind Personen, die sich aktiv um eine Arbeitsstelle bemühen und sofort für die Aufnahme einer Tätigkeit zur Verfügung stehen.

112 Statistisches Bundesamt (2014c), S. 656.

113 Statistisches Bundesamt (2014c), S. 78.

114 Statistisches Bundesamt (2014c), S. 80.

115 Statistisches Bundesamt (2014c), S. 92–94.

116 Vgl. Statistisches Bundesamt (2014b), Tabelle 1.3.

117 Sachverständigenrat deutscher Stiftungen für Integration und Migration (SVR) (2014).

118 Sachverständigenrat deutscher Stiftungen für Integration und Migration (SVR) (2014), S. 4.

119 Der den nachfolgenden Berechnungen zugrunde liegende Mikrozensus des Statistischen Bundesamtes (2014b) bezieht sich auf »Ausländer« als »Personen, die nicht Deutsche im Sinne des Art. 116 Abs. 1 GG« sind. Dazu zählen auch die Staatenlosen und Personen mit »ungeklärter« Staatsangehörigkeit. Der Mikrozensus bezieht sich damit nur auf eine Teilmenge der in Deutschland lebenden Personen mit Migrationshintergrund.

120 Als Ausnahme vgl. Kolb (2012).

121 Alle Daten zu den Wanderungsbewegungen aus: Statistisches Bundesamt (2015m)

122 Der Migrationseffekt ist deshalb vergleichsweise schwach, weil er nur für Männer und Frauen mit ausländischem Pass zur Anwendung kommt und Personen mit Migrationshintergrund, aber deutschem Pass statistisch bereits als »Deutsche« behandelt werden.

123 Vgl. Fuchs/Söhnlein/Weber (2011), insbesondere Tabelle 1, Szenario 1 und 2.

124 Vgl. Fuchs/Kubis/Schneider (2015), Tabelle 5.1, S. 29.

125 Manager Magazin (2005).

126 Der Stern (2006).

127 Gathmann et al. (2014), S. 160.

128 DAAD (2015a).

129 Statistisches Bundesamt (2015l).

130 DAAD (2015b), S. 102.

131 DAAD (2015b), S. 72.

132 Vgl. Kolb (2012).

133 Vgl. Engler et al. (2015).

134 Charta der Vielfalt (2015).

135 Dixit/Stiglitz (1977).

136 Levine et al. (2014) sowie Portes (2014).

137 Der Österreicher Joseph Schumpeter hatte zu Beginn des letzten Jahrhunderts einen Unternehmertyp beschrieben, der Profit machen will und deshalb nach neuen Lösungen für alte Probleme sucht. So bringt er nicht nur mikroökonomisch, sondern in einem Prozess der schöpferischen Zerstörung auch gesamtwirtschaftlich Wandel und Erneuerung voran.

138 van der Meer/Tolsma (2014).

139 Helliwell et al. (2014).

140 Vgl. dazu: Adler/Kwon (2002) sowie Kwon/Adler (2014).

141 Nach gängigem Rechtsverständnis wird das Postulat für gleichwertige Lebensverhältnisse so interpretiert, dass eine bestimmte Mindestversorgung an öffentlichen Leistungen und Infrastruktur zu gewährleisten sei. Vgl. hierzu: Ossenbühl (1978). In der raumwirtschaftlichen Praxis werden teilräumlich und sachlich differenzierte Mindeststandards gefordert, wobei sich bei der Umsetzung die Schwierigkeit zeigt, dass im Einzelfall unklar bleibt, wie stark ein Teilraumwert vom Bundesdurchschnitt als Maßstab abweichen darf. Als Behelfsgröße dient die Faustregel, dass »immer dann von ungleichwertigen regionalen Lebensverhältnissen ausgegangen wird, wenn in einem Teilraum eine stark unterdurchschnittliche Abweichung vom Bundesmittel feststellbar ist.« (Bundesinstitut für Bau-, Stadt- und Raumforschung [2012], S. 16)

142 »Raumordnungspolitik verstanden als staatliche Ausgleichspolitik hat in Deutschland in Folge der grundgesetzlichen

Vorgabe der Schaffung gleichwertiger Lebensverhältnisse eine lange Tradition. Mit zahlreichen Förderprogrammen und den europäischen Strukturfonds besitzt Deutschland eine ausdifferenzierte Vielfalt an Fördermaßnahmen. Darüber hinaus sind unter raumentwicklungspolitischen Aspekten auch die Finanzausgleichspolitik und die sozialen Sicherungssysteme von überragender Bedeutung.« (Gatzweiler [2012], Einleitung)

143 Vgl. dazu: Blankart (2007).

144 Das raumordnungspolitische Konzept der »Zentrale-Orte-Systeme« entspricht dieser Forderung. »Zentrale Orte übernehmen Versorgungsfunktionen nicht nur für ihre eigene Bevölkerung, sondern auch für die Bevölkerung innerhalb eines Versorgungsbereiches in ihrer Umgebung.« (Bundesinstitut für Bau-, Stadt- und Raumforschung [2012], S. 32).

145 Vgl. Porter/Guth (2012).

146 Institute for Strategy and Competitiveness (2012).

147 Institute for Strategy and Competitiveness (2012).

148 Röhl (2013), S. 10.

149 Röhl (2013), S. 13.

150 Vgl. Glaeser (2011).

151 »Eine Anpassung der bestehenden Zentrale-Orte-Systeme an den demographischen Wandel ist insbesondere in den Räumen erforderlich, in denen Tragfähigkeitsschwellen für zentralörtliche Einrichtungen durch den Rückgang des Kundenpotenzials unterschritten werden. Reaktionen auf den Rückgang des Nachfragepotenzials sind die Straffung und Flexibilisierung Zentraler-Orte-Konzepte sowie kooperationsorientierte Lösungen, wie die Funktionsteilung in Städteverbünden.« (Bundesinstitut für Bau-, Stadt- und Raumforschung [2012], S. 225)

152 Wissenschaftlicher Beirat beim Bundesministerium der Finanzen (2013)

153 »Wildnis statt Wirtschaftsförderung«, so Pötzl (2006), S. 110.

154 Sarrazin (2010), insbesondere »Einleitung« und Kapitel 3.

155 Vgl. Filipp/Mayer (2005).

156 Vgl. dazu: Robert Bosch Stiftung (2013).

Literaturverzeichnis

Adler, Paul S.; Kwon, Seok-Woo (2002): Social Capital:
Prospects for a New Concept. In: Academy of Management Review, Jg. 27, Nr. 1, S. 17–40.
Bertelsmann Stiftung (2015): Demographischer Wandel
verstärkt Unterschiede zwischen Stadt und Land.
Pressemeldung vom 08.07.2015, Gütersloh. https://www.
bertelsmann-stiftung.de/de/presse/pressemitteilungen/
pressemitteilung/pid/demographischer-wandel-verstaerkt-
unterschiede-zwischen-stadt-und-land/ (zuletzt abgerufen
am 09.12.2015).
Birg, Herwig; Flöthmann, Ernst-Joachim (1993): Bevölkerungsprojektionen für das vereinigte Deutschland bis
zum Jahr 2100. Bielefeld.
Birg, Herwig (2005): Die demographische Zeitenwende –
Der Bevölkerungsrückgang in Deutschland und Europa.
München: Beck'sche Reihe, Beck-Verlag. (4. Auflage,
1. Auflage 2001).
Blankart, Charles B. (2007): Föderalismus in Deutschland
und in Europa. Baden-Baden: Nomos Verlagsgesellschaft.
https://www.wiwi.hu-berlin.de/de/professuren/vwl/oef/
dok/docs/Foed_D_und_E.pdf (zuletzt abgerufen am
09.12.2015).
Bohk, Christina (2012): Ein probabilistisches Bevölke-
rungsprognosemodell: Entwicklung und Anwendung

für Deutschland. Wiesbaden: VS Verlag für Sozialwissenschaften (Springer Fachmedien).

Boll, Christina (2010): Lohneinbußen von Frauen durch geburtsbedingte Erwerbsunterbrechungen. In: Wirtschaftsdienst, Jg. 90, H. 10, S. 700–702.

Boll, Christina; Leppin, Julian S. (2015): Die geschlechtsspezifische Lohnlücke in Deutschland: Umfang, Ursachen und Interpretation. In: Wirtschaftsdienst, Jg. 95, H. 4, S. 249–254.

Bonin, Holger (2014): Der Beitrag von Ausländern und künftiger Zuwanderung zum deutschen Staatshaushalt. Gütersloh: Bertelsmann Stiftung. https://www.bertelsmann-stiftung.de/fileadmin/files/user_upload/Bonin_Beitrag_Zuwanderung_zum_dt_Staatshaushalt_141204_nm.pdf (zuletzt abgerufen am 09.12.2015).

Bonin, Holger (2015): Langfristige fiskalische Erträge künftiger Zuwanderungen nach Deutschland. In: Wirtschaftsdienst, Jg. 95, H. 4, S. 262–268. http://www.wirtschaftsdienst.eu/archiv/jahr/2015/4/langfristige-fiskalische-ertraege-kuenftiger-zuwanderung-nach-deutschland/ (zuletzt abgerufen am 09.12.2015).

Boston Consulting Group (BCG) (2015): Die halbierte Generation. Die Entwicklung des Arbeitsmarktes und ihre Folgen für das Wirtschaftswachstum in Deutschland. Boston. http://www.bcg.de/documents/file193349.pdf (zuletzt abgerufen am 09.12.2015).

Bretz, Manfred (2001): Zur Treffsicherheit von Bevölkerungsvorausberechnungen. In: Wirtschaft und Statistik, Nr. 11, S. 906–921.

Brücker, Herbert; Jahn, Elke J. (2010): Arbeitsmarktwirkungen der Migration: Einheimische Arbeitskräfte gewinnen durch Zuwanderung. In: IAB-Kurzbericht, Nr. 26, Nürnberg.

Bundesamt für Migration und Flüchtlinge (BAMF) (2015a): Prognoseschreiben zur Zahl der im Verteilsystem EASY registrierten Personen nach § 44 Abs. 2 AsylVfG. Vom 20.08.2015. http://www.bamf.de/SharedDocs/Anlagen/

DE/Downloads/Infothek/DasBAMF/2015-08-20-prognose-
schreiben-asylantraege.pdf?__blob=publicationFile
(zuletzt abgerufen am 09.12.2015).

Bundesamt für Migration und Flüchtlinge (BAMF)
(2015b): Migrationsbericht 2013. Nürnberg. http://
www.bamf.de/SharedDocs/Anlagen/DE/Publikationen/
Migrationsberichte/migrationsbericht-2013.pdf?__
blob=publicationFile (zuletzt abgerufen am 09.12.2015).

Bundesamt für Migration und Flüchtlinge (BAMF) (2015c):
Arbeitsmigration nimmt zu. Aktuelle Meldung vom
28.05.2015. http://www.bamf.de/SharedDocs/Meldungen/
DE/2015/20150528-wanderungsmonitor-freizuegigkeit.
html?nn=1367522 (zuletzt abgerufen am 09.12.2015).

Bundesinstitut für Bau-, Stadt- und Raumforschung (BBSR)
(2012): Raumordnungsbericht 2011. Bonn. http://www.
bbsr.bund.de/cln_032/nn_23566/BBSR/DE/Veroeffentli-
chungen/Sonderveroeffentlichungen/2012/ROB2011.html
(zuletzt abgerufen am 09.12.2015).

Bundesinstitut für Bau-, Stadt- und Raumforschung (BBSR)
(2015): Raumordnungsprognose 2035 nach dem Zensus.
http://www.bbsr.bund.de/BBSR/DE/Raumbeobachtung/
UeberRaumbeobachtung/Komponenten/Raumordnungs-
prognose/Download_ROP2035/DL_ROP2035_uebersicht.
html?nn=443262 (zuletzt abgerufen am 09.12.2015).

Bundesinstitut für Bevölkerungsforschung (BiB) (Hrsg.)
(2012): (Keine) Lust auf Kinder? Geburtenentwicklung in
Deutschland. Wiesbaden.

Bundesinstitut für Bevölkerungsforschung (BiB) (2013):
Familienleitbilder – Vorstellungen. Meinungen. Erwartungen. Wiesbaden. http://www.bib-demografie.de/
SharedDocs/Publikationen/DE/Broschueren/familien_
leitbilder_2013.pdf?__blob=publicationFile&v=7 (zuletzt
abgerufen am 09.12.2015).

Bundesinstitut für Bevölkerungsforschung (BiB) (2015):
Forschungsbereich 1 – Familie und Fertilität. http://www.
bib-demografie.de/DE/Forschung/1_FB1/fb1_node.html
(zuletzt abgerufen am 09.12.2015).

Bundesministerium für Arbeit und Soziales (BMAS) (2009):
Altersrenten. http://www.bmas.de/DE/Themen/Rente/
Gesetzliche-Rentenversicherung/altersrenten.html
(zuletzt abgerufen am 09.12.2015).

Bundesministerium für Bildung und Forschung (BMBF)
(2015): Ältere Menschen. http://www.gesundheitsfor-
schung-bmbf.de/de/aeltere-menschen.php (zuletzt
abgerufen am 09.12.2015).

Charta der Vielfalt (2015): Startseite der Homepage.
http://www.charta-der-vielfalt.de/startseite.html
(zuletzt abgerufen am 09.12.2015).

DAAD (Deutscher Akademischer Austauschdienst) (2015a):
Deutschland für ausländische Studierende weiterhin
attraktiver Hochschulstandort. Pressemitteilung vom
23.09.2015. https://www.daad.de/presse/pressemit-
teilungen/de/37494-deutschland-fuer-auslaendische-
studierende-weiterhin-attraktiver-hochschulstandort/
(zuletzt abgerufen am 09.12.2015).

DAAD (Deutscher Akademischer Austauschdienst) (2015b):
Wissenschaft – weltoffen 2015. Bielefeld: W. Bertelsmann Verlag. http://www.wissenschaftweltoffen.de/
publikation/wiwe_2015_verlinkt.pdf (zuletzt abgerufen
am 09.12.2015).

Daum, Matthias (2014). Das Geschwätz vom Schweizer
Dichte-Stress. In: Zeit-Online vom 13.02.2014. http://
www.zeit.de/politik/ausland/2014-02/schweiz-volksent-
scheid-dichtestress (zuletzt abgerufen am 09.12.2015).

Dengler, Katharina; Matthes, Britta (2015): Folgen der Digitalisierung für die Arbeitswelt. In: IAB-Kurzbericht, Nr. 24,
Nürnberg. http://doku.iab.de/kurzber/2015/kb2415.pdf

Der Spiegel (1975): Mehr Sex – weniger Babys. Sterben die
Deutschen aus? H. 13/1975 vom 24.03.1975.

Der Spiegel (2004): Der letzte Deutsche. Auf dem Weg zur
Greisen-Republik. H. 2/2004 vom 05.01.2004.

Der Spiegel (2006): Jeder für sich – Wie der Kindermangel
eine Gesellschaft von Egoisten schafft. H. 10/2006 vom
06.03.2006.

Der Stern (2006): Die Klugen verlassen das Land. Vom
18.12.2006. http://www.stern.de/wirtschaft/job/it-
fachkraefte-die-klugen-verlassen-das-land-3329542.html
(zuletzt abgerufen am 09.12.2015).

Deschermeier, Philipp (2015): Die Entwicklung der Bevölkerung Deutschlands bis 2030. Ein Methodenvergleich. In:
Institut der deutschen Wirtschaft Köln, IW-Trends, Jg. 42,
Nr. 2 vom 27.04.2015. http://www.iwkoeln.de/studien/
iw-trends/beitrag/philipp-deschermeier-die-entwicklung-
der-bevoelkerung-deutschlands-bis-2030-226198 (zuletzt
abgerufen am 09.12.2015).

Deutsche Bundesbank (2012): Potenzialwachstum der
deutschen Wirtschaft – Mittelfristige Perspektiven vor
dem Hintergrund demographischer Belastungen. Monatsbericht 04/2012, S. 13–28.

Deutsche Bundesbank (2015): Perspektiven der deutschen
Wirtschaft – Gesamtwirtschaftliche Vorausschätzungen
für die Jahre 2015 und 2016 mit einem Ausblick auf das
Jahr 2017. Monatsbericht 06/2015, S. 13–30.

Deutsches Institut für Wirtschaftsforschung (DIW) (1993):
Bevölkerungsentwicklung in Deutschland bis zum Jahr
2010 mit Ausblick auf 2040. In: DIW Wochenbericht
Nr. 29 vom 22.07.1993.

Diabaté, Sabine; Junck, Sara; Thiel, Esther (2015): Keine
Lust auf Familie? Leitbilder von bewusst kinderlosen
Männern. In: Bevölkerungsforschung Aktuell – Analysen
und Informationen aus dem Bundesinstitut für Bevölkerungsforschung, Jg. 36, Ausgabe 3, S. 9–16.

Diabaté, Sabine (2015): Mutterleitbilder heute: Zwischen
Autonomie und Aufopferung. In: Bevölkerungsforschung
Aktuell – Analysen und Informationen aus dem Bundes-
institut für Bevölkerungsforschung, Jg. 36, Ausgabe 3,
S. 2–8.

Die Welt (2015): Talente werden Bogen um Deutschland
machen. Vom 07.05.2015. http://welt.de/140589466
(zuletzt abgerufen am 09.12.2015).

Dixit, Avinash K.; Stiglitz, Joseph E. (1977): Monopolistic

competition and optimum product diversity. In: The American Economic Review, Jg. 67, Nr. 3, S. 297–308.

Doepke, Matthias (2014): Gary Becker on the Quantity and Quality of Children. In: Institut zur Zukunft der Arbeit (IZA), Discussion Papers Nr. 8610, Bonn.

Engler, Marcus; Erlinghagen, Marcel; Ette, Andreas; Sauer, Lenore; Scheller, Friedrich; Schneider, Jan; Schultz, Caroline (2015): International Mobil. Motive, Rahmenbedingungen und Folgen der Aus- und Rückwanderung deutscher Staatsbürger. Sachverständigenrat deutscher Stiftungen für Integration und Migration (Forschungsbereich), Berlin.

Enquete-Kommission (1994): Demographischer Wandel – Herausforderungen unserer älter werdenden Gesellschaft an den einzelnen und die Politik. Bonn: Deutscher Bundestag.

European Commission (2015): The 2015 Ageing Report. Economic and budgetary projections for the 28 EU Member States (2013–2060). European economy 3/2015, S. 310–311, Brüssel. http://ec.europa.eu/economy_finance/ publications/european_economy/2015/pdf/ee3_en.pdf (zuletzt abgerufen am 09.12.2015).

Filipp, Sigrun-Heide; Mayer, Anne-Kathrin (2005): Zur Bedeutung von Altersstereotypen. In: Aus Politik und Zeitgeschichte (Beilage zur Wochenzeitung »Das Parlament«), Nr. 49–50 vom 05.12.2005, S. 25–31. Bonn: Bundeszentrale für politische Bildung (bpb).

Fischer, Wolfram (1990): Bevölkerung und Wirtschaft in historischer Perspektive. In: Felderer, Bernhard (Hrsg.): Bevölkerung und Wirtschaft (Jahrestagung des Vereins für Socialpolitik, Gesellschaft für Wirtschafts- und Sozialwissenschaften). Berlin: Duncker & Humblot, S. 29–49.

Focus (2010): Deutschland wird kleiner, ärmer und älter. Interview mit Herwig Birg vom 02.11.2010. http://www. focus.de/finanzen/altersvorsorge/tid-20293/demografie-

deutschland-wird-kleiner-aermer-und-aelter_aid_567720.
html (zuletzt abgerufen am 09.12.2015).

Frey, Carl Benedikt; Osborne, Michael A. (2013): The Future
of Employment: How Susceptible Are Jobs to Computeri-
sation? http://www.oxfordmartin.ox.ac.uk/downloads/aca-
demic/The_Future_of_Employment.pdf (zuletzt abgerufen
am 09.12.2015).

Frisch, Max (1965): Vorwort. In: Seiler, Alexander J.: Siamo
italiani – Die Italiener. Gespräche mit italienischen
Arbeitern in der Schweiz. Zürich: EVZ-Verlag.

Fuchs, Johann; Söhnlein, Doris; Weber, Brigitte (2011):
Projektion des Arbeitskräfteangebots bis 2050. Rückgang
und Alterung sind nicht mehr aufzuhalten. IAB-Kurzbericht Nr. 16, Nürnberg. http://doku.iab.de/kurzber/2011/
kb1611.pdf (zuletzt abgerufen am 09.12.2015).

Fuchs, Johann; Kubis, Alexander; Schneider, Lutz
(2015): Zuwanderungsbedarf aus Drittstaaten in
Deutschland bis 2050. Szenarien für ein konstantes
Erwerbspersonenpotenzial – unter Berücksichtigung
der zukünftigen inländischen Erwerbsbeteiligung und
der EU-Binnenmobilität. Gütersloh: Bertelsmann Stiftung. https://www.bertelsmann-stiftung.de/fileadmin/
files/BSt/Publikationen/GrauePublikationen/Studie_IB_
Zuwanderungsbedarf_aus_Drittstaaten_in_Deutschland_
bis_2050_2015.pdf (zuletzt abgerufen am 09.12.2015).

Gathmann, Christina; Keller, Nicolas; Monscheuer, Ole;
Straubhaar, Thomas; Schäfer, Holger; Zimmermann,
Klaus F.; Brücker, Herbert (2014): Zuwanderung nach
Deutschland – Problem und Chance für den Arbeitsmarkt. Zeitgespräch mit Einzelbeiträgen. In: Wirtschaftsdienst, Jg. 94, H. 3, S. 159–179. http://www.
wirtschaftsdienst.eu/archiv/jahr/2014/3/zuwanderung-
nach-deutschland-problem-und-chance-fuer-den-
arbeitsmarkt/#res3 (zuletzt abgerufen am 09.12.2015).

Gatzweiler, Hans-Peter (2012): Auf ein Wort. In: Raumordnungsbericht 2011. Bundesinstitut für Bau-, Stadt- und
Raumforschung (BBSR) (Hrsg.). Bonn.

Geißler, Max (2010): Eckrentner: Noch zeitgemäß – oder praxisfernes Konstrukt? In: Süddeutsche Zeitung (online) vom 17.05.2010. http://www.sueddeutsche.de/geld/eckrentner-noch-zeitgemaess-oder-praxisfernes-konstrukt-1.180543 (zuletzt abgerufen am 09.12.2015).

Geppert, Kurt; Gornig, Martin (2010): Mehr Jobs, mehr Menschen: Die Anziehungskraft der großen Städte wächst. In: DIW-Wochenbericht, Jg. 77, Nr. 19, S. 2 – 10. http://www.diw.de/documents/publikationen/73/diw_01.c.356610.de/10-19.pdf (zuletzt abgerufen am 09.12.2015).

Glaeser, Edward (2011): Triumph of the City. How Our Greatest Invention Makes Us Richer, Smarter, Greener, Healthier, and Happier. New York: The Penguin Press.

Hackenberg, Dietrich (2004): Der millionste Gastarbeiter, das Moped und die bundesdeutsche Einwanderungsgesellschaft. http://www.iberer.angekommen.com/Mio/millionster.html (zuletzt abgerufen am 09.12.2015).

Heinz, Andreas; Kluge, Ulrike (Hrsg.) (2012): Einwanderung – Bedrohung oder Zukunft? Mythen und Fakten zur Integration. Frankfurt a. M. / New York: Campus.

Helliwell, John F.; Huang, Haifang; Wang, Shun (2014): Social Capital and Well-Being in Times of Crisis. In: Journal of Happiness Studies, Jg. 15, Nr. 1, S. 145 – 162 (wurde online veröffentlicht am 08.05.2013).

Heuer, Steffan (2005): Berufsvisionär Rifkin: Die Bestseller-Maschine. In: Spiegel-Online vom 27.04.2005. http://www.spiegel.de/wirtschaft/berufsvisionaer-rifkin-die-bestseller-maschine-a-353280.html (zuletzt abgerufen am 09.12.2015).

Hinte, Holger; Rinne, Ulf; Zimmermann, Klaus F. (2012): Zuwanderung, Demografie und Arbeitsmarkt: Fakten statt Vorbehalte. In: Heinz, Andreas; Kluge, Ulrike (Hrsg.): Einwanderung – Bedrohung oder Zukunft? Mythen und Fakten zur Integration. Frankfurt a. M.: Campus, S. 263 – 278.

Institute for Strategy and Competitiveness: Value-Based Health Care (2012): Auszüge aus »Chancen für das deutsche Gesundheitssystem«. Punkt 7. Die Konsolidierung der Leistungsanbieter und ihrer Leistungsspektren fördern. Harvard Business School (Boston, Mass.). http://www.americanacademy.de/sites/default/files/upload/Porter_Guth%20Auszu%CC%88ge%20aus%20Chancen%20fu%CC%88r%20das%20deutsche%20Gesundheitssystem.pdf (zuletzt abgerufen am 09.12.2015).

Kaufmann, Franz-Xaver (1960): Die Überalterung – Ursachen, Verlauf, wirtschaftliche und soziale Auswirkungen des demographischen Alterungsprozesses. Zürich / St. Gallen: Polygraphischer Verlag.

Keynes, John Maynard (1937): Some Economic Consequences of a Declining Population. In: Eugenics Review 29, S. 13–17.

Kindleberger, Charles P. (1986): International Public Goods without International Government. In: American Economic Review, Jg. 76, S. 1–13.

Klöckner, Julia (2014): Zuwanderung begrenzen, ja oder nein? In: Huffington Post vom 20.04.2014. http://www.huffingtonpost.de/julia-kloeckner/rosinenpickerei-ist-undemokratisch_b_4807044.html (zuletzt abgerufen am 09.12.2015).

Kolb, Holger (2012): Die zwei Seiten staatlicher Fachkräftepolitik: Verringerung dauerhafter Abwanderung und Förderung qualifizierter Zuwanderung. Sachverständigenrat deutscher Stiftungen für Integration und Migration (Forschungsbereich). Berlin: SVR.

Kommission Bevölkerungspolitik (Hrsg.) (1985): Sterben die Schweizer aus? Die Bevölkerung der Schweiz: Probleme, Perspektiven, Politik. Bern / Stuttgart: Paul Haupt.

Kwon, Seok-Woo; Adler, Paul S. (2014): Social Capital: Maturation of a Field of Research. In: Academy of Management Review, Jg. 39, Nr. 4, S. 412–422.

Levine, Sheen S.; Apfelbaum, Evan P.; Bernard, Mark; Bartelt, Valerie L.; Zajac, Edward J.; Stark, David (2014): Ethnic diversity deflates price bubbles. In: Proceedings of the National Academy of Sciences (PNAS), Jg. 111,

Nr. 52, S. 18524–18529. http://www.pnas.org/content/ 111/52/18524.full.pdf (zuletzt abgerufen am 09.12.2015).

Manager Magazin (2005): Generation Good-Bye: Warum die junge Elite ihre Zukunft im Ausland sucht (Titelgeschichte). H. 4/2005. http://www.manager-magazin.de/ magazin/print/index-2005-4.html (zuletzt abgerufen am 09.12.2015).

Mayer, Tilman (2014): Der Alterungs-Tsunami bringt neue Verteilungsfragen. In: Der Tagesspiegel (online) vom 05.11.2014. http://www.tagesspiegel.de/meinung/andere-meinung/demographie-aendert-demokratie-der-alterungs-tsunami-bringt-neue-verteilungsfragen/10924208.html (zuletzt abgerufen am 09.12.2015).

Mohl, Hans (1993): Die Altersexplosion. Droht uns ein Krieg der Generationen? Stuttgart: Kreuz-Verlag.

Mundell, Robert A. (1957): International Trade and Factor Mobility. In: American Economic Review, Jg. 47, S. 321–335.

OECD (2015): Migration Policy Debates. Nr. 7, September 2015, S. 4. http://www.oecd.org/migration/Is-this-refugee-crisis-different.pdf (zuletzt abgerufen am 09.12.2015).

Olson, Mancur (1968): Die Logik des kollektiven Handelns. Kollektivgüter und die Theorie der Gruppen. Tübingen: J.C.B. Mohr (Paul Siebeck).

Ossenbühl, Fritz (1978): Die verfassungsrechtliche Bedeutung des Postulats nach gleichwertigen Lebensverhältnissen für Raumordnung und Landesentwicklung. In: Die hessischen Landkreise, H. 3.

Pennekamp, Johannes (2014): Angriff der Roboter. In: Frankfurter Allgemeine Zeitung vom 01.04.2014. http:// www.faz.net/aktuell/wirtschaft/menschen-wirtschaft/ arbeitswelt-der-zukunft-angriff-der-roboter-12873342. html (zuletzt abgerufen am 09.12.2015).

Pflaumer, Peter (1988): Methoden der Bevölkerungsvorausschätzung unter besonderer Berücksichtigung der Unsicherheit. Berlin: Duncker & Humblot.

Porter, Michael E.; Guth, Clemens (2012): Chancen für

das deutsche Gesundheitssystem. Berlin/Heidelberg: Springer-Verlag.

Portes, Alejandro (2014): Downsides of social capital. In: Proceedings of the National Academy of Sciences (PNAS), Jg. 111, Nr. 52, S. 18407–18408. http://www.pnas.org/content/111/52/18407.full.pdf (zuletzt abgerufen am 09.12.2015).

Pötzl, Norbert F. (2006): Der Reiz der Leere. In: Spiegel Spezial, H. 8/2006. http://magazin.spiegel.de/EpubDelivery/spiegel/pdf/49324487 (zuletzt abgerufen am 09.12.2015).

Rifkin, Jeremy (2004): Das Ende der Arbeit und ihre Zukunft: Neue Konzepte für das 21. Jahrhundert. Frankfurt a. M./New York: Campus Verlag.

Robert Bosch Stiftung (2013): Die Zukunft der Arbeitswelt – Auf dem Weg ins Jahr 2030. Stuttgart. http://www.bosch-stiftung.de/flashbooks/Studie_Zukunft_der_Arbeitswelt/Studie_Zukunft_der_Arbeitswelt.html (zuletzt abgerufen am 09.12.2015).

Röhl, Klaus-Heiner (2013): Konzentrations- und Schrumpfungsprozesse in deutschen Regionen und Großstädten bis 2030. In: Institut der deutschen Wirtschaft Köln: IW-Trends 4/2013, S. 1–18. http://www.iwkoeln.de/studien/iw-trends/beitrag/klaus-heiner-roehl-concentration-and-shrinking-processes-in-german-regions-and-cities-up-to-2030-141357 (zuletzt abgerufen am 09.12.2015).

Sachverständigenrat (zur Begutachtung der gesamtwirtschaftlichen Entwicklung) (2014): Mehr Vertrauen in Marktprozesse. Jahresgutachten 2014/2015. http://www.sachverstaendigenrat-wirtschaft.de/fileadmin/dateiablage/gutachten/jg201415/JG14_ges.pdf. http://www.sachverstaendigenrat-wirtschaft.de/fileadmin/dateiablage/gutachten/jg201415/JG14_ges.pdf (zuletzt abgerufen am 09.12.2015).

Sachverständigenrat (zur Begutachtung der gesamtwirtschaftlichen Entwicklung) (2015): Zukunftsfähigkeit in den Mittelpunkt. Jahresgutachten 2015/2016. http://www.

sachverstaendigenrat-wirtschaft.de/fileadmin/dateiabla-
ge/gutachten/jg201516/wirtschafts-gutachten/jg15_ges.pdf
(zuletzt abgerufen am 09.12.2015).

Sachverständigenrat deutscher Stiftungen für Integration
und Migration (2013): Erfolgsfall Europa? Folgen und
Herausforderungen der EU-Freizügigkeit für Deutschland. Jahresgutachten 2013 mit Migrationsbarometer.
Berlin: SVR.

Sachverständigenrat deutscher Stiftungen für Integration
und Migration (Forschungsbereich) (2014): Diskriminierung am Ausbildungsmarkt. Ausmaß, Ursachen
und Handlungsperspektiven. Berlin: SVR. http://www.
svr-migration.de/wp-content/uploads/2014/11/SVR-FB_
Diskriminierung-am-Ausbildungsmarkt.pdf (zuletzt
abgerufen am 09.12.2015).

Sachverständigenrat deutscher Stiftungen für Integration
und Migration (2015): Unter Einwanderungsländern:
Deutschland im internationalen Vergleich. Jahresgutachten 2015. Berlin: SVR.

Sarrazin, Thilo (2010): Deutschland schafft sich ab.
München: DVA.

Schirrmacher, Frank (2004): Das Methusalem-Komplott.
München: Karl Blessing Verlag.

Schneider, Norbert F. (2015): Editorial. In: Bevölkerungsforschung Aktuell – Analysen und Informationen
aus dem Bundesinstitut für Bevölkerungsforschung,
Jg. 36, Ausgabe 3, S. 1. http://www.bib-demografie.de/
SharedDocs/Publikationen/DE/Bev_Aktuell/2015_3.
pdf?__blob=publicationFile&v=5 (zuletzt abgerufen am
09.12.2015).

Schneider, Norbert F.; Diabaté, Sabine; Ruckdeschel,
Kerstin (Hrsg.) (2015): Familienleitbilder in Deutschland.
Kulturelle Vorstellungen zu Partnerschaft, Elternschaft
und Familienleben. Beiträge zur Bevölkerungswissen-
schaft, Band 48. Opladen, Berlin, Toronto: Verlag Barbara
Budrich.

Schnitzlein, Daniel D. (2013): Wenig Chancengleichheit

in Deutschland: Familienhintergrund prägt eigenen ökonomischen Erfolg. In: DIW Wochenbericht
Nr. 4, vom 23.01.2013. http://www.diw.de/documents/
publikationen/73/diw_01.c.414565.de/13-4-1.pdf (zuletzt
abgerufen am 09.12.2015).

Schwägerl, Christian (2015): Deutschland will einfach nicht
veröden. In: Frankfurter Allgemeine Zeitung, Nr. 221 vom
23.09.2015, S. N1.

Sinn, Hans-Werner (2015a): Ökonomische Effekte der
Migration. In: ifo Schnelldienst 1/2015, Jg. 68 vom
15.01.2015, S. 3–6.

Sinn, Hans-Werner (2015b): Migration und Grenzkosten:
Warum das Spiegel-Argument nicht stimmt. In: ifo
Schnelldienst 2/2015, Jg. 68 vom 29.01.2015, S. 3–4.

Soldt, Rüdiger (2015): Revolution der Alten. In: Frankfurter
Allgemeine Sonntagszeitung vom 02.08.2015, S. 5.

Spengler, Joseph J. (1938): France Faces Depopulation.
Durham, N.C.: Duke University Press.

Spengler, Oswald (1918): Der Untergang des Abendlandes –
Umrisse einer Morphologie der Weltgeschichte. Band 1:
Gestalt und Wirklichkeit. Wien: Braumüller.

Spiegel-Online (2015a): Bevölkerungsentwicklung: So
schrumpft Deutschland bis 2060. Bericht vom 07.09.2015.
http://www.spiegel.de/wirtschaft/soziales/bevoelkerungs-
entwicklung-so-schrumpft-deutschland-a-1051770.html
(zuletzt abgerufen am 09.12.2015).

Spiegel-Online (2015b): Asylsuchende: Bayern meldet
millionsten Flüchtling in Deutschland. Bericht vom
09.12.2015. http://www.spiegel.de/politik/deutschland/
fluechtlinge-bayern-registriert-millionsten-
asylsuchenden-in-deutschland-a-1066748.html
(zuletzt abgerufen am 09.12.2015).

Statistisches Bundesamt (1993): Modellrechnung zur
Entwicklung der Wohnbevölkerung in Deutschland.
Wiesbaden (zitiert nach: Enquete-Kommission [1994]).

Statistisches Bundesamt (Destatis) (2014a): 2013: Höchste
Zuwanderung nach Deutschland seit 20 Jahren. Presse-

mitteilung Nr. 179 vom 22.05.2014. https://www.destatis. de/DE/PresseService/Presse/Pressemitteilungen/2014/05/ PD14_179_12711.html (zuletzt abgerufen am 09.12.2015).

Statistisches Bundesamt (Destatis) (2014b): Mikrozensus. Bevölkerung und Erwerbstätigkeit: Stand und Entwicklung der Erwerbstätigkeit in Deutschland. Wiesbaden. https://www.destatis.de/DE/Publikationen/Thematisch/ Arbeitsmarkt/Erwerbstaetige/StandEntwicklungErwerbstaetigkeit2010411137004.pdf?__blob=publicationFile (zuletzt abgerufen am 09.12.2015).

Statistisches Bundesamt (2014c): Statistisches Jahrbuch. Deutschland und Internationales 2014. Wiesbaden. https://www.destatis.de/DE/Publikationen/Statistisches Jahrbuch/StatistischesJahrbuch2014.pdf?__blob= publicationFile (zuletzt abgerufen am 09.12.2015).

Statistisches Bundesamt (Destatis) (2015a): Bevölkerung Deutschlands bis 2060. 13. koordinierte Bevölkerungsvorausberechnung. Wiesbaden. https://www.destatis. de/DE/Publikationen/Thematisch/Bevoelkerung/VorausberechnungBevoelkerung/BevoelkerungDeutschland-2060Presse5124204159004.pdf?__blob=publicationFile (zuletzt abgerufen am 09.12.2015).

Statistisches Bundesamt (Destatis) (2015b): Bevölkerung Deutschlands bis 2060. Tabellenband – Ergebnisse der 13. koordinierte Bevölkerungsvorausberechnung. Wiesbaden. https://www.destatis.de/DE/Publikationen/ Thematisch/Bevoelkerung/Vorausberechnung Bevoelkerung/BevoelkerungDeutschland2060_512 4202159004.pdf?__blob=publicationFile (zuletzt abgerufen am 09.12.2015).

Statistisches Bundesamt (Destatis) (2015c): Mehr Geburten und weniger Sterbefälle im Jahr 2014. Pressemitteilung Nr. 302 vom 21.08.2015. Wiesbaden. https://www.destatis. de/DE/PresseService/Presse/Pressemitteilungen/2015/08/ PD15_302_126.html;jsessionid=D93DA0CA0714906B804D D33B9CAA67C7.cae3 (zuletzt abgerufen am 09.12.2015).

Statistisches Bundesamt (Destatis) (2015d): Lange Reihen.

Wiesbaden. https://www.destatis.de/DE/ZahlenFakten/ GesellschaftStaat/Bevoelkerung/Geburten/Geburten. html#Tabellen (zuletzt abgerufen am 09.12.2015).

Statistisches Bundesamt (Destatis) (2015e): 2,1 % weniger Ehescheidungen im Jahr 2014. Pressemitteilung Nr. 266 vom 23.07.2015. https://www.destatis.de/DE/PresseService/ Presse/Pressemitteilungen/2015/07/PD15_266_12631.html (zuletzt abgerufen am 09.12.2015).

Statistisches Bundesamt (Destatis) (2015f): Lebensbedingungen, Armutsgefährdung (Gemeinschaftsstatistik über Einkommen und Lebensbedingungen (EU-SILC). https:// www.destatis.de/DE/ZahlenFakten/GesellschaftStaat/ EinkommenKonsumLebensbedingungen/Lebensbedingungen/ ArmutsgefaehrdungArmutsgefaehrdung/Tabellen/ArmutsgefQuote- Typ_SILC.html (zuletzt abgerufen am 09.12.2015).

Statistisches Bundesamt (Destatis) (2015g): Animierte Bevölkerungspyramide. https://www.destatis.de/DE/Zahlen FaktenFakten/GesellschaftStaat/Bevoelkerung/Bevoelkerungs- vorausberechnung/Bevoelkerungspyramide.html (zuletzt abgerufen am 09.12.2015).

Statistisches Bundesamt (Destatis) (2015h): Allgemeine Sterbetafeln für Deutschland. Wiesbaden. https://www. destatis.de/DE/Publikationen/Thematisch/Bevoelkerung/ Bevoelkerungsbewegung/PeriodensterbetafelnBundes laender5126204127004.pdf?__blob=publicationFile (zuletzt abgerufen am 09.12.2015).

Statistisches Bundesamt (Destatis) (2015i): Bevölkerung – Bayern. http://www.statistik-portal.de/Statistik-Portal/ de_zs01_by.asp (zuletzt abgerufen am 09.12.2015).

Statistisches Bundesamt (Destatis) (2015j): 81,2 Millionen Einwohner am Jahresende 2014 – Bevölkerungszunah- me durch hohe Zuwanderung. Pressemitteilung Nr. 353 vom 24.09.2015. Wiesbaden. https://www.destatis.de/ DE/PresseService/Presse/Pressemitteilungen/2015/09/ PD15_353_12411.html (zuletzt abgerufen am 09.12.2015).

Statistisches Bundesamt (Destatis) (2015k): Die Generation 65 + in Deutschland. Wiesbaden. https://www.destatis.

de/DE/PresseService/Presse/Pressekonferenzen/2015/
generation65/Pressebroschuere_generation65.pdf?__
blob=publicationFile (zuletzt abgerufen am 09.12.2015).

Statistisches Bundesamt (Destatis) (2015l): Studierende
in Deutschland nach Nationalität und Geschlecht im
Zeitvergleich. https://www.destatis.de/DE/ZahlenFakten/
Indikatoren/LangeReihen/Bildung/lrbil01.html?cms_
gtp=152374_list%253D1&https=1 (zuletzt abgerufen am
09.12.2015).

Statistisches Bundesamt (Destatis) (2015m): 2014: Wanderungsüberschuss in Deutschland von 550 000 Personen.
Pressemitteilung Nr. 321, vom 03.09.2015. https://
www.destatis.de/DE/PresseService/Presse/Presse-
mitteilungen/2015/09/PD15_321_12711pdf.pdf?__
blob=publicationFile (zuletzt abgerufen am 09.12.2015).

Statistisches Bundesamt (Destatis) (2015n): Anstieg der
Geburtenziffer 2014 auf 1,47 Kinder je Frau. Pressemitteilung Nr. 468 vom 16.12.2015, abrufbar unter:
https://www.destatis.de/DE/PresseService/Presse/
Pressemitteilungen/2015/12/PD15_468_126.html (zuletzt
abgerufen am 11.01.2016).

Statistisches Bundesamt (Destatis); Bundeszentrale für
politische Bildung (bpb) (2004): Datenreport 2004. Bonn.
https://www.destatis.de/DE/Publikationen/Datenreport/
Downloads/Datenreport2004.pdf?__blob=publicationFile
(zuletzt abgerufen am 09.12.2015).

Statistisches Bundesamt (Destatis); Bundeszentrale für
politische Bildung (bpb) (2013): Datenreport 2013. Bonn.
https://www.destatis.de/DE/Publikationen/Datenreport/
Downloads/Datenreport2013.pdf?__blob=publicationFile
(zuletzt abgerufen am 09.12.2015).

Stutzer, Alois; Frey, Bruno S. (2008): Stress that Doesn't Pay:
The Commuting Paradox. In: The Scandinavian Journal
of Economics Jg. 110, Nr. 2, S. 339 – 366. http://www.
bsfrey.ch/articles/C_481_08.pdf (zuletzt abgerufen am
09.12.2015).

Summers, Lawrence H. (2014): U.S. Economic Prospects:

Secular Stagnation, Hysteresis, and the Zero Lower Bound. In: Business Economics, Jg. 49, Nr. 2, S. 65–73.

Tatje, Claas (2014): Fahrtenbuch des Wahnsinns: Unterwegs in der Pendlerrepublik. München: Kösel-Verlag.

UN Population Division (2015): The 2015 Revision of World Population Prospects. http://esa.un.org/unpd/wpp/ (zuletzt abgerufen am 09.12.2015).

Unabhängige Kommission »Zuwanderung« (2001): Zuwanderung gestalten – Integration fördern. Berlin (Bundesministerium des Innern), 04.07.2001.

van der Meer, Tom; Tolsma, Jochem (2014): Ethnic diversity and its effects on social cohesion. In: Annual Review of Sociology, Jg. 40, S. 459–478.

von Petersdorff, Winand (2015): Der Mythos Kanada. In: Frankfurter Allgemeine Zeitung, vom 03.02.015, S. 16. http://www.faz.net/aktuell/wirtschaft/wirtschaftspolitik/kanadas-einwanderungs-punktesystem-wird-reformiert-13405077.html (zuletzt abgerufen am 09.12.2015).

Wissenschaftlicher Beirat beim Bundesministerium der Finanzen (2013): Finanzpolitische Herausforderungen des demografischen Wandels im föderativen System. Gutachten herausgegeben vom Bundesministerium der Finanzen. Berlin. http://www.bundesfinanzministerium.de/Content/DE/Downloads/Broschueren_Bestellservice/2013-06-28-finanzpolitische-herausforderungen-demografischer-wandel-anlage.pdf?__blob=publicationFile&v=5 (zuletzt abgerufen am 09.12.2015).

ZDF (2015): 2030 – Aufstand der Alten. Trailer anzusehen unter: http://zdf-enterprises.de/programmkatalog/international/zdfefactual/current-affairs-social-issues/2030-aufstand-der-alten (zuletzt abgerufen am 09.12.2015).

ZDF heute-Online (2015): Deutschland altert sich klein. Bericht vom 28.04.2015.

Zeit-Online (2015): Bevölkerung schrumpft trotz Zuwanderung. Bericht vom 08.07.2015. http://www.zeit.de/gesellschaft/2015-07/demografie-bevoelkerung-schrumpft (zuletzt abgerufen am 09.12.2015).

Reimer Gronemeyer

Soziologe

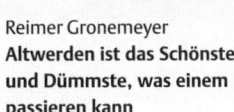

Reimer Gronemeyer
**Altwerden ist das Schönste
und Dümmste, was einem
passieren kann**

216 Seiten | Gebunden mit
Schutzumschlag
Euro 18,– (D)
ISBN 978-3-89684-160-5

Zeit der Befreiung

Die Alten sind die Musterschüler der Leistungsgesellschaft, die
umworbene Kundschaft eines verantwortungslosen Marktes.
Schonungslos schreibt Reimer Gronemeyer über das Altwerden
im Würgegriff von Konsum und Jugendwahn. Sein hoffnungs-
volles Gegenbild ist eine neue Kultur der Nachdenklichkeit. Sie
entfaltet sich im unermüdlich bewussten Unterwegssein und
in der Entscheidung, Verantwortung zu übernehmen. Denn es
geht immer um Befreiung. Gronemeyers persönlichstes Buch ist
eine Einladung, einen eigenen Umgang mit der großen Aufgabe
Alter zu finden.

www.edition-koerber-stiftung.de

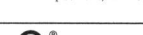